天

Borderless

下

博稽古今　融汇天下

修行

生命的证悟

Sādhanā:
The Realisation of Life

[印] 罗宾德拉纳特 · 泰戈尔 —— 著
钟书峰 —— 译

法律出版社 LAW PRESS · CHINA

作者简介

罗宾德拉纳特·泰戈尔

Rabindranath Tagore，1861 ~1941

印度诗人、文学家、社会活动家、哲学家。代表作有《吉檀迦利》《飞鸟集》《新月集》《文明的危机》等。泰戈尔出生于印度一个富有的贵族家庭，13岁即能创作长诗和颂歌体诗集。1878年赴英国留学，1880年回国专门从事文学活动。1912年从英国赴美国，作关于人生哲学系列演讲，后收入《修行：生命的证悟》。1913年，他以《吉檀迦利》成为第一位获得诺贝尔文学奖的亚洲人。泰戈尔的诗风对中国现代文学产生过重大影响，启迪了郭沫若、徐志摩、冰心等一代文豪，其中许多作品多次被译成中文。

译者简介

钟书峰

生于1969年5月，江西省龙南县人，法学博士，已翻译作品二百余万字，代表译著有卢梭《社会契约论》、孟德斯鸠《论法的精神》、托克维尔《旧制度与大革命》、泰戈尔《修行：生命的证悟》等经典作品以及美国《不动产》《美国财产法精解》等专业书籍，在法学核心期刊发表论文若干。

目录

译者序

每翻译一本书，几乎都有一种冲动与习惯，会写写翻译过程中的感受与体会。不过，完成泰戈尔《修行：生命的证悟》后，我原本并没有撰写“译者前言”或者“译者后记”之类文章的打算，原因很简单：不是不想写，而是心中感想太多，竟不知从何写起；泰戈尔的人文关怀思想与精神很深邃很广博，我的理解很肤浅很幼稚，生怕误导读者诸君。谁知编辑老师偏偏哪壶不开提哪壶，命我一定要按照惯例补上译者自序之类的文章，因此，只好勉为其难，说上几句无关痛痒之语，敬请诸位大家斧正。

摆在大家面前的这本书，主要是泰戈尔在美国哈佛大学的演讲集，实质上是泰戈尔向西方人介绍印度古文明与文化的文集，归根结底是泰戈尔在国内外讲学时阐述的以《奥义书》为主要来源的思想观点汇聚。

《奥义书》，是印度最古老、最经典的哲学

著作，是用散文或者韵文阐发最古老的吠陀文献的思辨著作。它记载的是印度古代导师和圣人的观点，在很大程度上构建了印度哲学的基础，实际上是一种哲学论述或者对话录。值得注意的是，它记录的不是一家之言，而是诸家之说。据统计，在《奥义书》中提到的哲学家达百余名，其中有以邬达罗迦为代表的唯物论者，有以耶若婆佉为代表的唯心论者。《奥义书》种类繁多，据说多达两百多种，泰戈尔在本书中引用的主要有《蒙达迦奥义书》《伊莎奥义书》《白骡奥义书》《广林奥义书》《由谁奥义书》《尼理心诃奥义书》《羯塔奥义书》《迦塔奥义书》《泰迪黎耶奥义书》《泰蒂利耶奥义书》等。据说，最权威的《奥义书》有十三种。它们是婆罗门教与印度教的经典源泉，也是古印度佛教思想的直接源泉，因此，可以说，婆罗门教、印度教与佛教，都是同源同宗。

我没有考究，彼时泰戈尔演讲的西方听众及其后阅读此书的西方读者，是否与泰戈尔产生共鸣，但是，我敢断言，中国读者几乎都会与泰戈尔产生共鸣，主要原因有两个：

第一，中国佛教文化，直接来源于印度。从释迦牟尼佛祖到达摩祖师再到完全实现中国化的禅宗，佛学、佛经、佛事活动、佛家弟子，莫不以印度为师。可以这么说，发源于印度但在印度已经式微的佛教文化，却光大于中华大地以及深受其影响的周围各区域；也可以这么说，来源于印度的佛教文化，已经与中华文化融为一体。泰戈尔这部聚焦于人生哲学的著作思想，与佛教文化密切相关。因此，就文化角度而言，中国读者阅读本书，根本不存在文化障碍，根本不存在理解隔阂。

第二，泰戈尔的文风，尤其是泰戈尔的诗歌，推进了中国白话文尤其是现代诗歌、散文的发展。泰戈尔的诗歌或者散文诗引进中国之时，正是中国白话文以及现代诗歌、散文初步发展之际。“五四”运动后创作的现代新诗、散文，其中不少作者都不讳言，他们都从泰戈尔的诗歌或者散文诗中汲取了营养，都具有刻意模仿泰戈尔散文诗《飞鸟集》等诗歌的痕迹。

泰戈尔自 1913 年获诺贝尔文学奖后，作品与思想逐渐引起中国知识界的注意。

最早著书介绍泰戈尔作品及其思想的中国人，可能是国学大家、博古文学家、东方学派思想家钱智修。他于 1913 年在《东方杂志》第 10 卷第 4 号上发表《台峨尔氏之人生观》，其中的“台峨尔”即指泰戈尔。

最早翻译泰戈尔诗歌的，似乎是引领“五四”新文化运动的旗手陈独秀。他以五言古诗形式，从泰戈尔代表作《吉檀迦利》中选译了四首诗歌，即该诗集第一、二两首和第二十五、三十六两首，取名为《赞歌》，刊载于 1915 年出版的《新青年》前身《青年杂志》第一卷第二号。在篇末，陈独秀对泰戈尔作了简要介绍：“达噶尔印度当代之诗人。提倡东洋之精神文明者也。曾受 Nobel Peace Prize，驰名欧洲。印度青年遵为先觉，其诗富于宗教哲学之理想。”

最早较全面接触泰戈尔作品并受其较大影响的中国知识分子，或许是郭沫若。1914 年，他初到日本留学时，正值日本出现“泰戈尔热”，至 1915 年达至高潮。据他于 1923 年 10 月 14 日在《创造周报》第 23 号发表的《泰戈尔来华之我见》的文章称，当时他读到泰戈尔诗歌的感受是：“我真好像探得了我‘生命的生命’，探得了我‘生命的泉水’一样……一种恬静的悲调荡漾在我的身之内外”。于是，他与“泰戈尔的诗结了不解之缘”“简直成了泰戈尔的崇拜者”。作为中国新诗第一人的郭沫若，他自称自己文学生涯的“第一阶段是泰戈尔式的”。

据冰心自述,她的作品,尤其是诗集《繁星》和《春水》,就深受泰戈尔文风的影响。她说:“我自己写《繁星》和《春水》的时候,并不是在写诗,只是受了泰戈尔的《飞鸟集》的影响,把许多‘零碎的思想’,收集在一个集子里而已。”

郭沫若、冰心等人又以其作品,影响了一代又一代的中国作者与读者。因此,就语言风格角度而言,中国读者阅读泰戈尔的这部作品,就如同阅读中国作者撰写的一样。

钟书峰

壬辰年秋分草于南粤海丰天星河畔

壬辰年重阳定于南粤鹏城尖岗山下

戊戌年端午改于南粤鹏城灵芝公园

作者序

或许不妨说说，本书所录文章，非哲理性说教，也非学究式考据。笔者成长于每日诵读礼拜《奥义书》经文之家，而且父亲乃笔者榜样：在漫漫人生中，父亲一直与神保持密切联系，但并未忽略应尽的尘世义务，也未丝毫减少对万事万物的浓郁兴趣。因此，也许这些文章，让西方读者有机会接触我们神圣经文所揭示的——而且是我们如今日常生活所展现的——印度古老精神。

评判人类一切伟大言论之依据，不是言辞，而是精神——是在历史长河中伴随生命成长而呈现的精神。例如，无论当代基督教与早期基督教，存在多大差异，甚至在重要方面存在多大差异，了解基督教的真谛，都是通过观察它在当代鲜活生命中的体现而得到的。

印度的伟大宗教经文，对西方学者似乎只具有考古与怀旧价值，对我们却具有重要的人生意义。我们不得不认为,制作成木乃伊标本并贴上标签陈列于柜的人类思想和愿望,披上博学外衣后,虽然得以永存,但却失去意义。

源于伟大心灵体验的鲜活文字含义,永远不可能通过什么逻辑解释体系阐述清楚,只能不断通过生活体验进行解释,而且每当有新发现,都会增加其神秘性。在我看来,《奥义书》与佛教经文,始终是精神财富,始终具有无限生机。那些经文,就如对其他人一样,对我具有独特意义,已经融入我的生活与讲学中。虽然它们有待人们证悟,但我的一家之言,想必也有价值。

或许还应说说:把这些文章汇编成册,乃为方便出版,而思想观点是从几篇孟加拉语讲稿中汲取的。那些讲稿,是我在孟加拉波浦尔学校授课时经常用到的。我在各种场合引用的上述讲稿英译文,是由我朋友巴布·沙迪什·钱德拉·罗伊和巴布·阿吉特·古玛尔·查克拉瓦蒂翻译的。本文集第六章,由我侄子巴布·苏列德拉·纳什·泰戈尔译自我讲授“卡玛瑜伽”的讲稿。

借此机会,感谢哈佛大学詹姆斯·H. 伍兹教授,是其厚爱激励我完成编撰工作,鼓舞我在哈佛大学讲授其中大部分章节;感谢欧那斯特·莱斯先生热情相助,审校样书并提出诸多斧正意见。

最后,说说“Sādhanā”(音译“萨达那”,意译“修行”)的读音:重音应落在第一个“ā”上,并发洪音。

第一章　个体与宇宙关系

古希腊文明孕育于城墙内。其实，一切现代文明皆起源于灰泥与砖堆砌的摇篮中。

那些城墙，在人类头脑中留下了深深印记，确立了“分而治之”的思维。这种思维，让我们养成了如此惯性：要确保征服成果，就得防范、分化征服对象。因此，将人分为不同民族，将知识分门别类，将人与自然截然分开。结果是作茧自缚，对外界任何事物都持强烈怀疑态度，认识任何东西都要经历一番艰苦努力。

第一批雅利安人入侵时，印度乃一片广袤森林地带，他们迅即加以利用。森林为他们躲避酷热的炎炎骄阳和肆虐的热带风暴提供了庇护所，为牛羊牲畜提供了牧场，为祭祀之火提供了燃料，为建造农舍提供了木材。不同的雅利安族群，在族长带领下，定居在不同森林地带。这些地方，都能够提供充足的水和食物,所赐予的天然保护各具优势。

所以说,印度文明发源于森林。正是这一起源和环境,让印度文明拥有与众不同的特点。环绕其四周的,为其提供衣食住行的,在各方面与其保持最密切最频繁联系的,都是生机勃勃的茫茫大自然。

也许有人会认为,如此低水准的生活方式,会愚钝人类心智,会削弱发展动力。可是,我们发现,古印度林中生活环境,除调整人之发展方向外,并未抑制其思想,并未削弱其活力。人之思想,在摆脱了企图在所获之物周围竖起界墙以扩大控制范围之欲后,通过不断接触生生不息的大自然,变得自由自在。人之追求,不再是获取,而是融入周围环境并与之共同发展,感悟与提升自身意识。他意识到真理乃全方位的,没有绝对的孤立存在,而且认识真理的唯一途径,乃与一切客体互为交融。古代印度圣贤隐居山林的修行之举,乃为在精神上实现天人合一的伟大和谐。

后来,那些原始森林让位于农田,四面八方都兴起富庶的城镇,几个强大王国得以建立并与世上所有大国皆有交往。不过,即使在物产丰饶的鼎盛时期,印度人仍然以崇敬之心,回望远古时代艰辛自悟的早期理想和隐居山林的简朴生活风骨,并从其所蕴涵的智慧中,汲取最佳灵感。

然而,西方世界对其正在进行的征服自然行为,似乎引以为荣。他们好像生活在充满敌意的世界,想要的任何东西,都得从心有不甘的异己手中夺取。如此情感,就是在城墙内所养成的习惯,就是在城墙内所受思维训练的产物。究其原因,乃生活于城市的人们,必定只把眼界聚焦于自身工作与生活,结果在人本身与其所依偎的大自然怀抱之间,人为制造了隔阂。

印度看法则不同，认为伟大真理就是，人与世界融为一体。印度强调个体与宇宙的和谐相处，并认为倘若周围环境与我们人类毫不相关，我们就不可能与之发生任何联系。人之所以抱怨大自然，盖因不得不通过自身努力而获取大部分生活必需品。当然，人类的努力并非竹篮打水一场空，而是每天都有收获。这表明，人与大自然存在某种合理联系，否则，就始终无法将与我们没有任何真正联系之物据为己有。

对同一条道路，可以采取两种不同视角看待：一种将它视为把我们与目标隔开之物。在这种视角下，征程上每一步，都被我们视作直面障碍时以强力取得的进步。另一种将它视为引领我们奔向目的地之路。在这种视角下，道路本身乃目标组成部分，乃已有成就之起点；历经这趟旅程，能够收获的只是它本身所赐予我们的东西。后一种视角，乃印度对大自然的看法。她认为，伟大真理是：我们与自然是和谐的；人之所以能够思考，是因为其思想与环境是和谐的；人之所以能够利用自然界的力量，只是因为人的力量与宇宙的力量是和谐的；从长远看，人的意图绝对不能与自然界的意图相抵触。

西方主流观点认为：自然界只属于野兽与无生命之物，人类的诞生，始于一场无法解释的突变。这种观点认为，任何低人一等之物都只能属于自然界，而任何在智力上或者在道德上拥有完美标记之物，皆属于人类。这犹如把花蕾与花朵分为两种不同类别之物，从而把其优美归功于两种不同而对立的原理一样。印度人的观点则不同，他们从来都是毫不犹豫地承认，人类与自然界存在血缘关系，人类与万物存在不可分割的联系。

在印度人看来，天地万物的根本统一，并非纯粹的哲学思辨；用心、用行动证悟这种伟大和谐，乃人生目标。他们通过冥想和祭拜,通过调整自身生活,培养了这么一种意识:万事万物皆有灵性。大地、水和阳光、花儿和果实,不只是用则取之、不用弃之的自然之物,而都是实现完美理想的不可或缺之物,就如每个音符对于交响乐而言都不可或缺一样。印度人敏锐地感觉到,世界本质对我们具有生死攸关的意义。因此,我们应当充分注意这一点,并与之建立自觉联系;我们不能仅仅受科学好奇心的驱使或者出于贪恋物质利益的考虑,去认识它,而应当以愉悦平和的伟大情怀,抱着同情心,证悟它。

科学家认为,世界不仅仅是我们感知的那个模样。例如,他们认为,大地与水其实是力之作用的结果——当然,它们呈现的状态是地与水,这是我们能够而且只能部分理解的状态。同样地,一直张开心眼之人认为,大地与水的终极真相,取决于我们对永恒意志的理解,而这种永恒意志迟早会起作用,并会以我们所能感悟之力的形式予以呈现。这不是如科学那样的纯粹知识,而是灵魂与灵魂之间的感知。它不像知识那样给予我们力量,而是给予我们欢乐,这正是血脉相连的结果。对世界的了解不及在科学引导下了解世界之深者,永远无法理解能够洞察精神世界之人透过自然现象得到的发现。水,不仅可以洗涤人之四肢,还可以净化人之心灵,盖它可以触及人之灵魂;大地,不仅可以支撑人之身体,还可以让人精神愉悦,盖与大地的接触,不只是物理接触,还是生存方式。倘若未认识自身与世界的血缘关系,人就会困于连墙壁都充满敌意的牢房里。倘若认识万物之中的永恒精神,人就会得到解放,就会发现所降生的这个世界最重要,就会发现身处最高真理之中并与万物建立和谐关系。在印度,人们所受教导是让其完全认识到,他们与周围的一切,无论是在肉体上还是在精神上,都存在最密切联系;应当亲近朝阳、流水、硕果累累的大地，正如它们将人类置于其怀抱中的表现一样。因此，我们每天冥想的，就是《圣诗》，即人们认为浓缩了一切吠陀的经文。在它帮助下，我们竭力证悟人之意识灵魂与世界的根本统一；我们学会感知这种统一系由那种永恒精神所维系的。正是这种精神力量，创造了大地、天空和日月星辰，而且凭借存在并运动于与外部世界不可分割的统一之中的意识之光，照耀人之心灵。

印度人绝不会忽略不同事物的不同价值，盖因他们知道，倘若如此就无法生存。印度人也认为，人类在万物等级中处于优势地位。但是，印度人这种人类优于万物的思想，不是人云亦云的。他们认为，人类优于万物之处，不在于拥有占有之力，而在于拥有联合之力。因此，印度人选择的朝圣之地，无论位于何处，都必定是特别庄严或者美丽之地；印度人的心灵能够摆脱狭窄的生活必需品世界，从而在无限之中认识自身地位。曾为肉食民族的印度人，为培养对生命的普世同情心，能够抛弃肉食习惯，此乃人类史上罕见之举，原因就在这里。

印度人知道，由于受制于精神与肉体的障碍，我们与自然界无穷无尽的生命之间存在严重隔阂；由于只是人，而不是宇宙之人，我们不但制造出诸多令人困惑不解的难题，而且还割断解决这些难题的自然资源。因此，我们虽然穷尽了一切人为的解决方法，但收获的却是无休无止的困难。当人离开宇宙大自然的栖息之地，行走于单一的人类之绳时，就意味着身体会摇晃或者摔倒，就得每走一步都不停地绷紧每一块肌肉每一根神经，努力保持身体平衡，而且在疲惫的休息间隙，每当想到自己受到万物不公正对待，都会诅咒上天，并自以为很了不起，自以为很是得意。

但是,如此情形无法永续。人类必须认识自己生存周围的一切,认识自身在无限世界之中的地位;人类必须明白,无论自身多么努力,永远也无法在自身聚居的那些小小的房间里酿出蜂蜜。这是因为,年年岁岁为人类生存而提供的食物,都在墙壁之外。人类必须明白,倘若隔断自身与纯洁而生机勃勃的无限世界之联系,而把休养生息只寄望于自身,就会把自身逼疯,就会把自身撕为碎片,就会导致人吃人。失去了周围一切这个环境后,人类的贫困,就不再具有简朴这个伟大品质,而会变得卑鄙无耻;人类的财富,就不再体现为慷慨大方,而只体现为穷奢极欲;人类的欲望,就不会臣服于人生,就不会固守人生之目的,而会成为欲望本身之目的,并玩火自焚,在熊熊烈火中弹琴取乐。于是,在自我表现中,企图恐吓他人,而不是吸引他人;在艺术上,求新求异,而忘却了万古常新的求真精神;在文学上,不能全面理解人:人伟大而单纯,但却看似存在心理问题,或者感情问题。这种感情,由于很不正常并展现在人为强光灯下,而显得极其激烈。倘若人之意识只局限于人自身,人性的根基再深也找不到永恒的土壤,人之心灵就会濒临饥饿边缘,人就会用大量刺激代替健康力量。于是,人就会丧失内心洞察力,用数量而不是与无限世界充满活力的联系衡量自身之伟大,用自己的活动而不是完美的宁静——这种宁静,存在于星罗密布的天空,存在于万事万物永恒而富有韵律的舞动之中——判断自身行为。

首批入侵印度之人,堪比入侵美洲的欧洲移民,面对的也是原始森林,也与土著发生了激烈冲突对抗。但是,发生在美洲的人与人、人与自然的冲突对抗,持续到最后,双方均未妥协让步。在印度,当地蛮人栖身的森林成为贤哲圣地;而在美洲,那些充满生机的自然大圣堂却对人类没有更深意义:它们给那里的人带去财富和权力，也许还不时带去美的享受，激发孤独诗人的灵感，可是，它们在那里的人们心中，永远没有获得神圣的联想，没有被视为伟大的人类灵魂与宇宙灵魂相结合的精神和谐之地。

我丝毫没有认为，上述情况本来会是另一种情形。倘若历史在每一个场合都以同样方式重现，就是十足地浪费良机。处于不同之地的人们，将各自不同但对他人而言是必需以及构成互补的产品带到市场上销售，是最好的精神交往。我想说的是，印度在其历史开始之际，就遇到并非没有对其发生作用的特殊环境。印度人循着自己的机遇，沉思过，奋斗过，受过苦，受过难，探究过生命的深度，取得过一些成就——这些成就，对于历史发展道路截然不同的民族而言，绝对不可能没有任何价值。人之完美发展，离不开构成复杂生命的一切生存要素。这就是为什么人类的食物要在不同之地栽种并取自不同之处的缘故。

文明，是各国按照自己的最好理想，忙于为国民打造的一种模型。一切机构，一切法律，一切奖惩标准，一切有意识或者无意识的教义，都指向这一目标。西方的现代文明，正通过一切有组织的努力，试图在德、智、体方面培养完美之人。因此，他们动用丰富的国家资源，把人之力量扩展到人之周围，人们协同发挥各种才干去占有、利用能够得到之物，并扫除征服道路上的一切障碍；他们一直在训练自己，为的是斗天地斗异族；他们的武装力量日益强大；他们的机械设备、组织机构，以惊人速度在增加。毫无疑问，这是杰出成就，这是不知障碍为何物并把人类超越万物视为目标的人类主宰力的精彩展示。

印度古代文明，对于完美，拥有自己的理想，并朝着这个理想作出了努力。其目的不是获得权力，无意把人之能力开发至极致，无意为获取财富、政治军事优势地位以及防御进攻而组织人们。印度人努力实现的理想,引导着其最优秀的儿女过着与世隔绝的冥想生活;印度人通过参悟神秘现实而为人类获取的宝贵财富,让其在世俗成就领域付出了极高代价。然而,这也是非凡成就,这是除证悟无限世界外别无他求的、无穷无尽的人类抱负的极致表现。

在印度,有贤人、有哲人、有勇士、有政客、有贵族、有国王。在所有这一切阶层人士中,印度人敬仰谁?印度人选择的代表人物是谁?

是圣贤。何为圣贤?圣贤,乃在知识上获得最高灵魂而充满智慧、发现自己与最高灵魂融为一体而与内在自我实现完美和谐之人;乃在精神上认识自我而摆脱了各种私欲、历经尘世间的一切而心如止水之人;乃在各方面领悟最高之神从而找到永恒宁静、与万物融为一体而进入宇宙生命之人。[1]

因此,证悟我们与万物之关系、通过与神之结合而进入万物状态,在印度视为人生最高目的和最高成就。

人,可以摧毁与掠夺财物,可以创造和积聚财富,可以发现和发明东西,但人之伟大,乃因其灵魂可以理解一切。倘若人把自身灵魂封闭于僵化而无生命气息的硬壳中,倘若人处于像沙尘暴旋涡般的狂热、盲目而忙得团团转的工作氛围中而无法放眼远处,就会是一场可怕的毁灭性灾难:这实际上是扼杀人之真正精神,即理解一切的精神。本质上,人,既不是自身奴隶,也不是尘世奴隶,而是爱者。人之自由与成就,就在于爱,爱之别名就是“理解一切”。由于具有这种理解能力、这种生命渗透力,人之灵魂就能与无处不在的此种精神——这也是人之灵魂的气

---

〔1〕 详见《蒙达迦奥义书》Ⅲ。

息——融为一体。企图搞垮他人而出人头地，企图鹤立鸡群而傲视他人，就背离了这种精神。这正是《奥义书》把达至人生目标者称为“宁静之人”和“与神合一之人”的原因，此乃意味着实现了与人以及大自然的和谐相处，故而能够不受干扰地与神合为一体。

在耶稣教诲中，也可以窥见同样的真理。他说：“骆驼穿过针眼，易于富人升入天堂。”此语意味着：为自己敛取的任何财物，都会让我们脱离他人；我们的财富，就是我们的局限。热衷于积聚财富者，由于不断自我膨胀，无法进入参悟精神世界——即完全和谐之境——的大门，只能封闭于有限获取物的狭窄围墙之内。

因此，《奥义书》经文的精神就是：为了寻找神，就得拥抱一切。追求财富的行为，实际上放弃的是获取新鲜事物的一切机会，非达至完美之神的道路。

有些现代欧洲哲学家，尽管直接或者间接受益于《奥义书》，但是，根本没有认识所受恩泽，而且坚称，印度之梵只是抽象之物，是对尘世一切的否定。总之，他们认为，这种无限之神只能在玄学中找到。在我的部分同胞中，这种观点也曾经很流行而且仍然如此。但是，它肯定与印度主流思想精神相悖。证悟并肯定万物之无限存在的习俗，一直是印度生生不息的灵感。

我们所受教诲是：“这个世界存在的任何之物，都被神所包围。”〔2〕

“我再三朝拜存在于水与火之中的神、存在于年年岁岁的

〔2〕 详见《伊莎奥义书》Ⅰ。

作物与林木之中的神、遍布于全世界的神。”[3]

这哪能是从世界中抽象出来的神?相反,这意味着不仅能够在万物之中看见他,而且可以通过世上万物向他致敬。《奥义书》中具有神之意识的人,对于宇宙的态度,抱有深深崇拜之情。他崇拜的对象,随处可见。正是这种活生生的真理,让一切现实真真切切。这种真理,不仅是知识,而且是信仰。“南无南无”——无论在何处,我们都朝拜他,一再朝拜。这种真理,是在圣贤突然迸发的证悟中认识的。他在不期而至的狂喜中向全世界宣布:“听我说,永恒之神的子孙们,居住于天国的人们,我已经认识了超人,他的光辉穿透黑暗照亮了前方。”[4]难道我们没有过这种体会,在不迷糊或者不盲从的直接而积极的经历中发现狂喜?

佛陀从实践层面发展了《奥义书》经文。他在宣讲同样的教义要点时说:对于上下、远近、可见与不可见的万物,都应保持无限热爱之情,不得产生任何怨恨,不得产生杀生之欲。无论是站着、走着、坐着,还是躺着、睡着,都要生活在这种意识之中,这就是四梵住行,换言之,就是在梵之精神中,生活、迁徙并享受人生之乐。

何谓梵之精神?《奥义书》曰:“实质上,乃万物之光、万物之命、宇宙之意识,乃梵天。”[5]感知一切,认识一切,这就是梵之精神。在肉体和灵魂上,都沉浸于梵之意识中。太阳吸引地球,乃通过梵之意识;光波在星际传送,乃通过梵之精神。

这种生命与光芒,这种感知一切者,不仅存在于宇宙空间,

---

〔3〕 详见《白骡奥义书》Ⅱ。

〔4〕 详见《白骡奥义书》Ⅱ、Ⅲ。

〔5〕 详见《广林奥义书》Ⅱ。

也存在于人之灵魂。他是宇宙或者说广袤世界的全知全觉者，他是灵魂深处或者说内心世界的全知全觉者。

欲获得宇宙意识，就得把我们的感情与这种无处不在的无限之情联接起来。事实上，人类真正的唯一进步，就是与这种情感范围的扩展同步发生的。我们的诗歌、哲学、科学、艺术和宗教，都有助于我们的意识向更高更广领域发展。人类并不是通过占领更广空间也不是通过外在行为而获取权利的，只是其意识范围扩展到哪里，其真实存在和现实世界就在哪里，其权利就扩展到哪里。

无论如何，欲达至意识自由之境界，必须付出代价。什么代价？乃抛弃自我。唯有通过否定自我，灵魂才能真正领悟自我。《奥义书》曰："你们应该舍而得，你们不得贪婪。"〔6〕

《薄伽梵歌》教导我们，要无私工作，要为成功而抛弃一切欲望。许多局外人凭这些教义就断言，把世界视为虚幻的观念，就建立于在印度宣讲的这种无私无欲的根基上。但事实恰恰相反。

醉心发迹之人，会低估其他任何东西；与其自我相比，会认为世上其他东西皆为虚幻。因此，欲完全意识万物的真实存在，就必须从个人私欲的羁绊中解脱出来。为承担社会义务，即为分担人类的负担，就必须进行这种修炼。为获取更广阔生活领域的每一次努力，都要求人们"舍而得，不得贪婪"。所以说，逐渐扩展个体与万物融为一体的意识，是人类努力奋斗的目标。

印度人说的无限，并非缥渺的虚无，也非空洞的无物。印度圣贤强调："在此生中认识他，就是真实的；此生未认识他，就是

〔6〕 详见《伊沙奥义书》Ⅰ。

孤寂之死。"[7]该如何认识他?"在个体与整体中,证悟他。"[8]无论是对大自然,还是对国家、社会、家庭,证悟的宇宙意识越多越好。倘若不能证悟其存在,就会濒临毁灭境地。

在我证悟到,远古时代,我们的先知诗人就已经站在印度天空的灿烂阳光下,以愉悦的血缘之情向宇宙致意时,对于人类未来,我心中充满极大欢欣、鼓舞和希望。这并非拟人化幻想,这并非把人看成反射在各处的荒诞而夸张的映像,这并非目睹人类戏剧在闪烁着光和影的大自然剧场的巨大舞台上演。相反,这意味着跨越了个体界限,成为高于人之人,成为与整体合一之人。这不是想象的戏剧,而是意识从神秘而夸大的自我之中得到的解放。那些古代先知们,在安详的内心深处感受到,那种颤动而转化为这个世界无限形式的活力,以意识形式存在于我们内心深处,而且彼此融为一体,未曾中断。那些先知们在完美上的洞见,并不存在分歧。他们从未认为,死亡本身就是在现实世界挖出的深坑。他们认为:"人之沉思,既是死亡,也是不朽。"[9]他们不认为,生与死存在根本对立。他们极其自信地断言:"死乃生。"[10]他们以同样平静的喜悦之情接受这么一种观点:"生,既有显现之时,也有隐没之时。"换言之,"生中隐藏的,既是过去,也是未来"。[11] 他们明白,显现或者消失,都只是像海浪一样浮在表面的现象,而唯有生,才是不腐不灭的永恒之物。

[7] 详见《由谁奥义书》Ⅱ。

[8] 详见《由谁奥义书》Ⅱ。

[9] 详见《尼理心诃奥义书》Ⅱ。

[10] 详见《阿闼婆吠陀》Ⅻ。

[11] 详见《阿闼婆吠陀》Ⅺ、Ⅻ。

“万物均源自不朽之生，与生共舞”[12]，“因为生是无限的”。[13]

这种最高意识自由的理想，是我们祖先的宝贵遗产，留待我们继承发扬为我们的理想。它不只是理智或者感情的根基，还是伦理的根基，必须转化为行动。《奥义书》曰：“梵，无处不在，万物内在之善。”[14]在知识、爱和奉献中与万物融为一体，在无处不在的梵中证悟自我，乃善之本质，而这就是《奥义书》经文主旨：生乃无限。

---

〔12〕 详见(《羯塔奥义书》Ⅱ。

〔13〕 详见《阿闼婆吠陀》Ⅺ。

〔14〕 详见《白骡奥义书》Ⅲ。

第二章　灵魂意识

我们已明白，古代印度人渴望，将意识范围扩展至宇宙的每一个角落，从而在梵——无处不在的、能够意识一切的神——之中生活、迁徙并享受欢乐。当然，会有人指出，这是人类不可能完成的任务。确实，倘若意识扩展是外向性的，这个过程就会永无止境，就像企图舀干海水再渡海一样。倘若一开始就企图证悟一切，最终就会什么都无法证悟。

实际上，事情并非像前文所言那么荒谬。人类每天都在扩大自身活动范围，都在调整自身重担。人之重担太多太沉，沉得难以承受。但是，他明白，采用某种方法，就可以减轻自身负荷。每当感到重担太复杂太笨重时，人类就会知道，盖因未能寻找到可以将每件事情安排得井井有条、将自身负担均衡分配之方法。寻找这种方法，实质就是寻找统一与协作，就是努力把内在调整与外在事物的多异质复杂性协调好。在这个寻找过程中,会逐渐意识到,找到了这种方法,就等于拥有了一切,至此程度,就是我们的最终与最高特权。它建立于统一法则之上,只要明白这一点,我们就会拥有持久力量。其生命原理在于真理之力,即包含多样性的统一真理。事实众多,真理唯一。动物智力可以明白事实,人类头脑可以领悟真理。树上苹果落地,天上雨水滴地——要记住诸如此类事实,人类记忆力肯定不堪重负,永无尽头。但是,一旦掌握万有引力定律,就无需记忆处理这些无穷无尽的事实。掌握真理,就可以应对无数事实。对人类而言,发现真理是纯粹的乐事——是解放思想。因此,仅有事实,就像死胡同,只能引向事实本身,无法超越其本身。可是,真理打开的是整个眼界,引导我们走向无限世界。像达尔文那样的人,发现生物学的某些简单的一般真理后,并未停滞不前,而是像灯盏不仅照亮目标物体还照亮目标物体远远的前方一样,照亮了人类思想与生活的整个领域,超越了其最初意图,原因就在这里。因此,在收集所有事实后,我们会发现,真理并非只是事实堆砌,而是从各方面超越了事实,指向的是无限的真实世界。

在意识领域,就如在知识领域一样,人类必须清楚地认识那种起支配作用的真理,它可以让人类鸟瞰最广阔的可能存在的领域。这个目标,正是《奥义书》教导"要领悟自身灵魂"时所指向的目标。或者换言之,要领悟存在于每一个人身上的那种伟大统一原则。

我们的一切利己冲动,我们的一切私欲,都会模糊灵魂的真正眼界,盖它们只表现狭窄的自我。倘若认识自己的灵魂,就会洞察那个超越自我并与万物具有更深联系的内在之人。

儿童开始学习字母表上的单个字母时,无甚乐趣,盖无法体会课文的真实含义。实际上也是如此,把注意力只放在孤立的单个字母本身,会让我们感到单调乏味。只有把它们组成词语和句子而传达思想时,那些字母才能成为我们欢乐的源泉。

与此类似,在被剥离得支离破碎且禁锢于狭小自我空间时,我们的灵魂就会失去意义,盖灵魂本质就在于统一。只有把自身灵魂与其他灵魂统一起来,才能发现其真理;只有此时,灵魂才会感到快乐。只要没有发现大自然的统一法则,人类就会感到困扰从而生活于恐惧之中,就会觉得整个世界都在与其作对。人类目前已发现的这个法则,不是他物,正是和谐观念。这种和谐,普遍存在于人之灵魂理性与宇宙运行之间,是人与居住世界的联系纽带。在发现这种和谐后,人感到无限欢愉,盖因此时,人在周围环境下领悟了自身存在。理解任何事物,都是在其中发现我们自身;感到欢愉,都是在我们之外发现我们自己。这种理解之联系是局部的,但这种爱之联系是完整的。在爱中,差异被忽略,人之灵魂得以完美实现其目的,从而超越自身局限而跨入无限世界之门。因此,爱,乃人类能够获得的最高祝福,盖唯有通过爱,人类才能真正懂得,他比自身更丰富,他与万物是统一的。

人之灵魂拥有的这种统一原则,永远是积极的,它可以通过文学、艺术、科学、社会、政治与宗教等,建立更广泛联系。我们伟大的开路先贤们,就是为了爱人类而抛弃自我,才揭示灵魂之真谛的。他们以爱的奉献回应诽谤、迫害、掠夺和死亡的威胁。他们过的,是有灵魂的生活,而不是自私的生活,从而向我们证实了人性的终极真理。因此,我们把他们称为“圣雄”,即“灵魂伟大之人”。

有部《奥义书》经文曰:并非最想儿子而最爱儿子,是最想自身灵魂而最爱儿子。其含义是，无论热爱谁，都是在他那里发现我们自己的最高意义之灵魂的。我们生命的最终真理就在这里。帕拉玛特玛，即最高灵魂，既寓于我，也寓于我之子，而我之欢乐寓于我之子，就是这种真理的领悟。虽然上述道理是相当普遍的事实，但是，持有所爱之人的欢乐与痛苦就是我们的欢乐与痛苦的信念，仍然很了不起，不，极其了不起。为什么这么说？因为在他们那里，我们变得更伟大，我们触摸到了理解整个宇宙的伟大真理。

由于爱孩子、爱朋友或者爱其他人，妨碍进一步领悟灵魂，极其常见。这虽然可以扩展意识范围，然而，毫无疑问，这也为意识最大限度自由扩展设置了限制。不过，这只是第一步，而且一切奇迹都有赖于踏出这一步。它向我们展示了我们灵魂的真实本性。我们肯定可以从这里懂得，我们的最高欢乐，就在于抛弃自私之自我而与他人融为一体。这种爱，赋予我们心灵崭新力量、洞察力和美之感受力，可以突破我们自己设定的藩篱。但是，倘若那些藩篱失去弹性，并完全与爱之精神发生冲突，这种爱就会丧失上述功能。自此以后，我们的友谊就会变成排他性的，我们的家庭就会变得自私而冷漠，我们的国家就会变得狭隘而对其他种族充满敌意。这犹如在封闭场所点亮一盏灯，任其亮堂堂燃烧，直至所积聚的毒气扑灭火焰一样。不过，在火熄灭之前，它已证明其真理，已让我们懂得摆脱黑暗、盲目、空虚与冷酷后的自由之乐。

根据《奥义书》教导，通向宇宙意识、神之意识的关键，就在于灵魂意识。舍去自我而认识灵魂，是通向最高解脱的第一步。必须绝对确信，我们的本质是精神。这是通过战胜自我，通过超越一切傲慢、贪婪与恐惧，通过认识一切世俗损失和肉体死亡都不能从真理与我们的伟大灵魂之中取走任何东西,就可以做到的。小鸟都知道:要打破孤立的、以自我为中心的蛋壳。那个把它封闭了如此之久的坚硬外壳,并非其真正生命的组成部分。那个外壳,是个死物,不会生长,而且不能让它窥见蛋壳外面的广阔世界。无论那个蛋壳多么圆润、多么完美、多么可爱,都必须给予一击,都必须予以突破,才能获得自由的阳光与空气,才能完全实现鸟类生活的目标。因此,梵文把鸟类称为再生族。历经至少十二年的自我压抑的修炼以及深思熟虑之人,也是如此。他的希望更为质朴,他的内心更为纯粹,随时准备以高尚无私的广阔胸怀承担人生的一切责任。从黑暗的自我禁锢之中走向自由的灵魂生命,就是人之重生,就是与周围的一切建立充满生机的联系,就是与万物融为一体。

我曾告诫过听众,我得再次提醒听众,印度导师们不是宣扬只会导致消极虚无之境的弃绝尘世、弃绝自我的观念。其目的,乃证悟灵魂,或者换言之,乃获取完美真理之境界的世界。耶稣曰:"温顺谦恭者有福,因为将继受这片土地。"[1]此话即指此意。他宣告的真理是:倘若摆脱自我之傲慢,人就可以真正继受一切。他无须打打杀杀,就可以达到自己在世界的地位;只要依靠灵魂的永恒权利,无论走至何处,他都很安全。盖自我之傲慢会妨碍灵魂正常功能的发挥,而这正是灵魂通过与宇宙以及宇宙之神的完美结合而证悟自身的功能。

佛陀布道时对萨杜·辛哈说:"没错,我是谴责行为,但谴责的只是导致恶言、恶念、恶业的行为。没错,辛哈,我是宣扬灭除,但宣扬的只是灭除傲慢、淫欲、恶念、无知,而不是宽恕、博

---

〔1〕 详见《马太福音》V。

爱、慈悲、真相。”

佛陀宣扬的解脱之论，是指摆脱无明的束缚。无明，系指蒙蔽我们的意识、企图将意识禁锢于自身的无知。就是这种无明，就是这种无知，就是这种禁锢的意识，造成了孤立的自我，从而成为必然伴随利己主义的一切傲慢、贪婪、残忍的根源。人睡着之时，就是把自己的肉体生命封闭于狭小的活动之中。此时，他是活着的，但是，他不知道自身生命与周围环境存在种种联系，因此，他不了解自身。同样，人过着无明生活时，也是封闭于自我之中的。这是一种精神上的睡眠，意识无法完全感受周围的最高现实，因此，他不能证悟自身灵魂的真实存在。大彻大悟时，即从沉睡的自身觉醒至圆满觉悟状态时，人就会成为佛。

有一次，我在孟加拉村庄遇到信仰某教派的两位苦行僧后，问道：“能否告诉我，贵教派特色在哪里？”其中一位略略犹豫后回答：“这个问题，很难说清楚。”另一位则说：“不，这个问题很简单。我们认为，应当先在精神导师的引导下，认识我们自己的灵魂，到达这一步后，就能找到我们内在的最高灵魂。”我问：“为什么不把贵派教义传给世上所有人？”他说：“口渴之人，会自己走到河边。”我又问：“你发现有人这么做吗？他们有到河边的吗？”那人微微一笑，没有丝毫急躁和不安，自信地说：“他们肯定会到河边的，全都会到河边的。”

是的，这位孟加拉农村质朴的苦行僧，说得对。人确实要到户外，才能满足比衣食更重要的需求。他要到户外寻找自己。人类历史，就是为寻求证悟永恒自我——自身灵魂——而探索未知的旅程史。历经王朝帝国的兴衰，历经财富的大量积聚和无情散失，创建象征其梦想和抱负的庞大象征物，像扔掉儿时用旧的玩具一样又把它们丢弃，铸造打开万物神秘之门的魔钥，甩开经年劳碌的岁月,回到自己的工作室而重新创造崭新的工作室。是的,一切人都是通过历经上述旅程,从一个时代走向另一个时代,朝着完全证悟人之灵魂的道路迈进。这种灵魂,比人所积聚的种种财富,比人所完成的种种事业,比人所创建的诸多理论,都更伟大。这种灵魂,不受肉体死亡或者分离的阻碍,一直向前迈进。人之失误或者失败,绝不会毫无价值或者微不足道,而是用大量残骸铺平前进之路。人之痛苦,像巨儿出生时的阵痛那样巨大,是无限成功的前奏。人类已历经磨难,而且仍然在历经种种磨难。他建立的制度,就是他建造的祭坛,每天他都把大量上乘祭品供奉在那里。倘若不是他感受到内心灵魂的极大欢乐,这一切都将毫无意义而难以忍受。这种灵魂的极大欢乐,通过忍受痛苦而考验其神圣力量,通过放弃而证明其永不枯竭的财富。是的,他们来了,所有的朝圣者都来了——来到他们真正继受的这个世界,他们不断在扩展其意识,不断在追求更高又更高的统一,不断在接近那个无所不包的唯一真理。

真正证悟自身灵魂前,人是赤贫的,欲望是无止境的。那时的世界,对他而言,是变动不居的——既是又不是虚幻。对证悟自身灵魂者而言,存在一个确定的宇宙中心。在这个中心周围的所有人,都能找到各自的恰当位置,并且从此以后,都能获得并享受和谐生活的福乐。

曾经有那么一个时期,地球仅是星云状的物质,其粒子因热力膨胀而扩散得很远很远;那时的地球,并无确定形态,既不美丽也没有任何目的,只有热和运动。渐渐地,在某种力作用下,地球把散落各处的物质集中于一个中心的控制之下,其蒸气就全部凝聚于一个统一的球体之中。自此,犹如悬挂于脖颈的翡翠宝石,地球就在太阳系银河中占据了适当位置。我们的灵魂,也如同地球一样。在盲目冲动和情欲热量与运动把我们吸引至四周时，我们既无法接受也无法给予任何真正的东西。但是，在依靠自我约束之力，依靠把一切对抗因素协调起来，依靠把分散四处的力量统一起来，从而找到灵魂中心后，我们就把一切孤立之感化作智慧，我们内心时时刻刻都可能发生的一切躁动都在爱中得到满足，我们生命中一切的微小组成部分都揭示出无限目标，我们一切的思想和行为都不可分割地统一于内在和谐之中。

《奥义书》强调：要认识心中的那个神，即灵魂。它是通向永生的桥梁。[2]

人之终极目的，是发现内心的那个神。他，是人之真相，是人之灵魂，是打开精神生活即天国之门的钥匙。人，欲望众多，疯狂地追逐尘世间的种种目标，盖那里有其生命与事业。但是，只有内心的那个神，才不断追求统一，追求知识的统一、爱的统一、意志目标的统一。当人在永恒统一之中触及无限之神时，是最欢愉的。因此，《奥义书》曰："唯有内心平静之人，通过内心领悟众多形式中唯一体现本质的神，才能获得永恒欢愉。"[3]

透过世界的多样性，内在之神迈向万物之神。这就是灵魂之本性、灵魂之欢愉。倘若没有灵魂之光捕捉所追求之物，就无法通过那条曲折之路实现其目标。灵魂之中的最高之神的影像，根本无法通过推理或者论证而予以认识，只能凭直觉而感受。我们的眼睛，自然而然把目标视为整体，不是把它分拆为各个组成部分，而是把各个组成部分组合起来并与我们自己融为

〔2〕 详见《蒙达迦奥义书》Ⅱ。

〔3〕 详见《迦塔奥义书》Ⅱ。

一体。我们灵魂的意识,也是如此,是自然地、整体地在最高之神的内部领悟统一。

《奥义书》曰:"在宇宙活动中显现自身的神,是作为最高灵魂而长驻人之内心的。通过内心直觉而领悟神之人,可以获得永生。"[4]

这位神,就是造一切者"毗首羯磨天"。在外部的自然界之中,他表现为各种各样的形式和力量;在内部的我们灵魂之中,他表现为统一。探寻自然领域的真理,采用科学分析法与渐进法;理解自身灵魂的真理,依靠顿悟。无法依靠一点一滴积累的知识,即使是世世代代一点一滴积累的知识,获取最高灵魂,盖他是整体,而不是由各个部分组成的。只能把他作为心灵之中的心灵、灵魂之中的灵魂,去体验他;只能在抛弃自我并面对面地站在他面前时,在爱与欢愉之中,去体验他。

最深最恳切的祈祷,就是用古老印度语言从人们内心发出的如下祈求:"啊! 自显之神啊,愿您显灵于我内心吧。"我们之所以悲惨,是因为我们是自我创造之物。这个自我,褊狭而固执,不能反射光,不能看见无限。我们的自我,用不和谐的喧嚣制造噪音。那不是竖琴随天籁之音而抑扬顿挫弹奏的乐曲。由于未能发现我们的灵魂,由于自显之神未能在我们内心显示,不满的叹息、失败的疲惫、对过去碌碌无为的悔恨以及对未来的焦虑,都在折磨着我们的浅薄之心。因此,我们呼唤:"啊! 令人敬畏之神啊,用您那永远仁慈的微笑,拯救我吧!"[5]那种自我沉溺,那种无止境的贪婪,那种占有的傲慢,那种粗鲁孤僻的心

〔4〕 详见《白骡奥义书》。
〔5〕 详见《白骡奥义书》Ⅳ。

理，都是走向死亡的窒息幕帐。“啊！楼陀罗，令人畏惧之神，求求您，撕开这黑暗的幕布吧！让您那微笑仁慈的拯救之光，穿透漆黑之夜，唤醒我的灵魂吧！”[6]

“把我从虚幻引向真实，从黑暗引向光明，从死亡引向永生吧！”[7]该如何让神接受这种祷告？真实与虚幻、死亡与永生的距离，是无限的。只有在自显之神于灵魂之中显现的那一刻，才能跨越这一无限鸿沟。会发生奇迹的，盖这里是有限与无限的交汇处。“主啊，荡涤我所有的罪恶吧！”罪人是以有限反抗其内在的无限，他是以自我打击其灵魂，这是一场注定失败的危险游戏，盖人是以全部筹码赢取部分筹码。罪恶，是真理的污迹，遮蔽的是我们纯洁的意识。陷入罪恶，我们就会贪图享乐，这不是因为享乐是我们真正渴望的，而是因为情欲烈火让享乐显得是我们渴望的。我们渴望某些东西，并非其重要，而是我们的贪婪夸大其重要性而使其看似重要。这些夸大，这些对待事物的假象，每走一步都会打破我们生命的和谐现状，让我们丧失真正的价值，让我们被互相冲突的种种生活利益的虚妄要求所迷惑。正是不能将人之本性的一切要素都置于统一体之中以及最高之神的控制之下，才感到与神分离的痛苦，从而催生最恳切的祈祷：“啊，神啊！啊，主啊！荡涤我们所有的罪恶吧！赐予我们善吧！”善，是我们灵魂的日常面包。沉迷欢愉，我们禁锢自己；致力于善，我们获得自由并属于万物。犹如母腹胎儿把其生命与更伟大的母亲生命融为一体而汲取营养一样，我们的灵魂只能从善中汲取营养。这种善，乃具有血缘关系的内在生命所认

---

〔6〕 详见《白骡奥义书》Ⅳ。

〔7〕 详见《广林奥义书》Ⅰ。

可的善,乃灵魂与无限交往的渠道,乃灵魂得到保护与哺育的环境。因此,圣经曰:“饥饿慕义者有福,盖他们必得饱足。”[8]何故?因为正义系灵魂的神圣食物,唯有其可以喂饱灵魂,唯有其可以让灵魂具有无限生命,唯有其可以让灵魂成长而迈向永恒。“我们向您致敬,您赐予我们生活的欢乐;我们再向您致敬,您赐予我们灵魂之善。我们向您致敬,您是圣善至善。”总之,在宁静与和谐之中,在善与爱之中,我们的灵魂与万物融为一体。

人渴望的,是最充分地表现自己。正是这种表现自我的愿望,促使他追求财富与权力。但是,他必然会发现,财富与权力的摄取与积聚,并不能实现其愿望。显现他的,是内在之光,非外在之物。点亮内在之光后,他会立即明白,人之最高显现,就是神在自己内心的显现。因此,人渴望神之显现。这就是其灵魂的显现,也就是神在其灵魂的显现。当人之灵魂在无限存在之中显现时,人就会成为完美之人,实现最充分的显现。无限存在,就是其本质的显现,就是神。

人真正的痛苦,就在于无法充分展现自己,就在于遮蔽了自我,就在于迷失在欲望之中。超出自身范围,他就无法感知自身,其更伟大的自我就被遮盖,其真相就无法被认识。因此,从他整个生命之中发出了如下祈祷:“那显现精神之神啊,在我内心显现吧!”这种对自我完全显现的祈求,植根内心,比肉体对食物之渴求,比财富与地位之欲求,都更深切。这种祈祷,不仅是天生的个别需求,而且存在于万物内心深处,是人类内在之神——永恒显现之神——的永不停止的激励。在有限之中表现无限,是万事万物之目的。在群星闪耀的天空之中,在艳丽的鲜

---

〔8〕 详见《马太福音》V。

花之中，看不到它。它在人类灵魂之中，盖只有在那里，意志才会寻求意志之中的显现，自由才会在舍弃自我之中获得最高奖项。

因此，伟大的宇宙之王没有用威权干涉人之自我，而是给他自由。人在肉体与精神方面，都与大自然存在联系，所以，不得不在这两方面都接受宇宙之王的统治，但是，在自我方面，人是自由的。在那里，我们的神必须寻找入口，他是客人而不是国王，因此，他得等待进入的邀请。就是说，在人之自我之中，神撤回了其统治权，因此，他得讨好我们。神之武力，自然之法则，都站在门外。唯有美，唯有爱之使者，才能进入人之领地。

唯有在允许无政府状态的意志领域中，唯有在虚假与邪恶的互相倾轧占统治地位的人之自我中，事情才会发展到让我们痛苦得如此大声疾呼的地步："倘若真有神，如此完全无法无天的状态就绝不会出现！"事实上，神已经站在我们自我的外部，并抱着无限耐心等待着，但是，假如被拒之门外，他绝不会强迫打开那扇门。其原因在于，我们的自我必须获得的最终意义，即灵魂，不是凭借神之力的强制推动，而是凭借爱之力量，自由与神融为一体。

在精神上已经与神融为一体者，犹如人之至高精华般地立于人之前。这时，人可以发现真实的自己，盖在其灵魂之中，神作为最完美显现之神为其显现；盖我们看见的，是最高意志与我们意志的结合，我们之爱与永恒之爱的结合。

在我们国家，真正热爱神之人，如此受人们尊敬，而在西方看来，这几乎是亵渎神明的。我们在这个人身上看到的，是神之愿望得到满足，是神之显现的一切障碍之中最大障碍的排除，是神之完美欢愉在人身上的绽放。通过这个人，我们会发现人类的整个世界都撒满了神之亲切问候。这个人的生命,燃烧着神之爱,让我们的一切尘世之爱都更耀眼夺目。我们生命之中的一切亲密关系,我们的一切痛苦与欢乐,都聚积于神之爱所呈现的周围,聚积于我们从他身上看到的神之呈现的周围。无限神秘琴弦之触动,会超越平凡与浅薄,奏出难以形容的乐曲。树木、星星、青山,在我们面前都呈现出永远无法用语言表述其意义的象征。当人之灵魂拉开遮盖自我的沉重帘布时,当撩起遮住自我的面纱而让她与永恒爱人面对面时,我们看到的似乎就是正在创造一个新世界的主人。

这会是一种什么状态?它就像是春天的早晨,生活丰富多彩,美丽婀娜多姿,而且又是一个整体。一个人从精神涣散的生活之中得到拯救时,就会在灵魂之中发现统一,无限意识就会像光与火焰,立即自然而然地融在一起。此时此际,人生的一切冲突和矛盾,都会得到调和;知识、爱与行为,都会变得和谐;痛苦与欢乐,都会在美中融为一体;纵情与自制,得到善之平等对待;有限与无限之间的缝隙,充盈着爱,流淌着爱;时时刻刻传来的,都是永恒信息;无形以花与果的形式,呈现在我们面前;无穷,像父亲般把我们揽在臂弯里,像朋友般与我们肩并肩散步。唯有灵魂,唯有人中之神,凭借其本性,才能克服一切限制而发现其与最高之神的密切联系。尚未达至内在和谐之时,我们的一切,我们的生活,都保持着种种惯性而已。此时的世界,在我们看来,只是一部机器,需要时加以操作,危险时予以防备,永远不会从它与我们存在兄弟手足之情的关系上去认识,同样也不会从它的物质本性、精神生活以及美的角度去认识。

第三章　恶的问题

为什么会存在恶？此乃犹如问，为什么会存在不完美？或者犹如问，究竟为什么会存在万物？我们只得认为：不可能是其他情形，此乃理所当然；万物只能是不完美的，只能是逐步完善的；问我们是谁，乃白问。

不过，我们应当追问的，是如下真正问题：终极真理是否不完美？恶是不是绝对的、终极的？河流有边界即河岸，那河流就是河岸吗？或者问，河岸就是河流的终极事实吗？是不是河岸这种障碍让河水向前流淌？拴船的拖绳，其意义就是束缚船吗？难道它不是可以拖着船往前走吗？

世界潮流也有边界，否则，就不可能存在，但其意义不是在限制它的边界之内体现的，而是在趋向完美的流动之中体现的。让人感到奇妙的，不是这个世界该否存在障碍、痛苦，而是该否存在法律与秩序、美丽与欢乐、善与爱。

人之生命具有神的信念,乃一切奇妙之中的奇妙。人类已经认识到,生命深处的不完美,正是完美的体现;会欣赏音乐之人可以领悟一首歌曲的完美,其实,他只不过是在倾听一连串的音符而已。人类已经发现这一伟大悖论:被限制之物,其实并非被禁锢于其界限之内;它永远在运动,每时每刻都在摆脱有限。事实上,不完美并非否定完美,有限并非与无限对立:它们只是显现于部分之中的整体,是揭示于有限之中的无限。

痛苦,是我们有限的感觉,并非我们生活中的固化物。诚如欢愉一样,它本身并非目的。遭遇过痛苦就会明白,它不是万物之中真正不变的组成部分,它是我们精神生活之中的错误。审视科学发展史,就是审视不同时期所犯错误的迷宫。然而,不会有任何一个人会真正相信,科学是传播错误知识的最佳方式。科学史上要记住的重要内容,并非所犯下的无数错误,而是不断得到确认的真理。错误,就本质而言,并非一成不变;它不可能与真理并存;它就像流浪汉,只要没有付清房租,就得立即退房。

诚如知识上的错误一样,任何形式的恶,本质都是暂时的,盖它与整体不协调。每时每刻,它都被事物的整体性所修正,并不断改变其某些内容。我们想象它是静止不变的,其实是夸大了其重要性。倘若能够收集这世上时时刻刻发生的大量死亡与腐败的统计资料,肯定会把我们吓呆。可是,恶是永远在运动的;那些无法统计的巨大数字,并不能有效地阻碍我们的生命潮流向前迈进;我们发现,土地、水、空气,仍然纯净甘甜,适合生物生存。一切统计数据,都是我们试图从数据角度描述运动状态的努力;在这个过程中,我们心中都设想它们很有分量,其实,在现实中并没有这种分量。正因如此,职业与生活的某个方面存在联系者,容易夸大某些方面,会不恰当地强调某些事实而丢失真相。侦探从细节上研究犯罪,但觉察不到这些犯罪在整个社会经济中的相应地位。在科学上收集种种事实证明生物界存在生存竞争时,我们头脑中会浮现一幅“腥牙血爪的大自然”画面。但是,我们头脑之中那些画面,实际上是给转瞬即逝之物贴上固定颜色与形象。这就像为证明空气必定重得会把我们压扁,而计算我们身上每平方英寸上的空气重量一样。其实,每一单位的重量都不成问题,我们可以轻松承受其负荷。大自然中的生存竞争,是相互作用的。那里有幼雏之爱、同伴之爱,那里有爱之自我牺牲。而这种爱,正是生命之中的积极因素。

倘若把观察的照明灯投射到死亡的事实上,世界呈现的就会是一个巨大停尸房。但是,我们发现,在生命世界之中,有关死亡的念头,最不可能占据我们头脑。这不是因为死亡最不常见,而是因为这是生命的消极方面。正如尽管我们每秒都在眨眼,但是仍然认为眼睛是睁开的。生命,作为一个整体,永远不会把死亡看得很重。面对死亡,生命仍然在欢笑、在跳舞、在玩耍、在建设、在储物、在相爱。只有在处理某个人的死亡后事时,才会脑里一片空白,才会变得沮丧。此时,我们忘记了生命是一个整体,忘记了死亡只是其中一部分,这就好像是在用显微镜观察一匹布一样。生命像一张网,我们只盯着几个大洞看,而且在想象中颤抖。事实上,死亡并非最终的真实。它看起来是黑暗的,就如天空看起来蓝蓝的一样。但是,死亡并非黑黑的实体,正如天空并不在鸟儿的翅膀上留下蓝蓝的印迹一样。

观察孩童学走路,看到的是无数失败,成功有但很少。倘若把观察范围局限于这短短的有限时间之内,那情景会很残酷。但是,我们发现,尽管一再失败,孩子却有一股欢快劲头,支撑着他继续进行看似不可能完成的事情。我们看着孩子学走路时,想得更多的,不是他是否跌倒,而是他是否具有保持平衡的能力,哪怕是保持一会儿平衡的能力。

正如孩童学走路会出现上述情形一样,生活中我们天天都会遇到各种各样的痛苦。这表明,我们的知识不完善,我们的能力有欠缺,我们的意志存在问题。倘若这些只揭示我们的弱点,我们就会沮丧得死去。在选择有限活动领域进行观察时,个别失败与不幸就会在我们心中放大。但是,生命能够本能地引导我们把眼界放得更宽,会赐予我们一个永远超越我们目前局限的完美理想。在我们心中,有一个永远走在目前狭窄经验前头的希望。它是我们内心无限世界之中的永恒信念;它永远不会把我们当前能力上的任何不足视为永久不变的事实;它从不限制自身活动范围;它敢断言人神一体;它那狂野的梦想,每天都在变为现实。

思想转向无限时,我们就会明白真理。真理,不寓于狭窄的当下之中,不寓于我们的直觉之中,而寓于让我们体验已拥有东西中应拥有东西的整体意识之中。在一生中,我们会自觉或者不自觉地感受这种永远比表象更伟大的真理,盖我们的生命面向无限而且在运动之中。因此,较之既有成就,生命的抱负是无限之多的,而且随着生命延续发展,它会发现,真理之认识,永远不会离开它并滞留在最后的荒漠上,而是把它带到更远之地。恶,完全无法阻止生命进程,无法掠夺生命之财产。这是因为,恶,必定消失,必定演变为善;恶,无法持久,无法挑战万物。倘若最小之恶可以无限期在任一地方逗留,它就会渗入深处而嵌入存在的根部。事实上,人类并不真正相信恶,正如不会相信,人们会用小提琴琴弦故意奏出响声巨大、难以忍受的不和谐之音,尽管通过统计数据可以从数学上证明,奏出不和谐之音的概率远远大于奏出和谐之音，盖有一个会弹奏小提琴者，就会有成千上万不会弹奏小提琴者。可是，完美之潜力，大于实际冲突。毫无疑问，是有人断言，存在就是绝对的恶，但是，人类从未把这话当真。无论是在感性上还是在理性上，人类的悲观情绪，只是故作姿态，而生活本身是乐观的：它想不断前行。悲观主义，是心理醉酒的一种表现形式，会鄙视健康食物，会沉溺于颓废的狂饮之中，并人为地制造渴望狂饮更多酒的低落情绪。倘若存在就是恶，就无需哲学家去证明。这就像是一个人活生生的一直站在你面前，你却要证明他要自杀。因此，存在本身就可以证明，它不可能是恶。

不完美并非一切都不完美，其理想就是完美的，但要不断通过感悟予以认识。理智的作用，就是通过不真实认识真实，故所谓知识就是不断焚毁谬误而释放真理之光。我们的意志，我们的性格，无论是内在的还是外在的，都必须不断克服恶而达至完美之境；我们的肉体生命，每时每刻都在消耗着身体物质以维持生命之火；我们的精神生命，也在燃烧着燃料。这一生命过程一直在进行。对此，我们明白，我们有感受。我们相信，人性走向乃弃恶扬善，而且没有任何反例可以动摇这种信念；我们认为，善乃人性之中的积极因素，而且在任何时代，在任何地方，人最看重的价值就是善念。我们已经认识善，我们已经爱上善，我们把最高崇敬献给了那些在生命之中显示善为何物之人。

有人会问：善是什么？道德本质是什么？我的回答：一个人对自我有充分了解时，领悟他比当下的他更丰满时，就开始认识道德本质；就会明白自己想成为什么样的人，就会明白未经历的比直接经历的更真实；人生观必定会发生变化，意志会取代愿望。这是因为，意志是更伟大生命的最高愿望。但是，这种更伟大的生命,我们当下无法企及,其大多数目标不在我们视野之内。此时,我们渺小的人格就会与我们伟大的人格发生冲突,我们的愿望就会与我们的意志发生冲突,追求触动我们感官事物的欲望就会与我们的内心目标发生冲突。接着,我们开始区分什么是我们一时的欲望,什么是善,因为善是我们更伟大自我的欲望。因此,善之感觉源自对我们生命更真实的看法。这种看法,是对整个生命领域的连续观察结果,所考虑的不仅是当下呈现在我们面前的东西而且还包括没有呈现的东西,也许还有人类永远无法看见的东西。人,是有远见的,可以感受尚未发生的那部分生活,可以感受远比生活更丰富的东西。因此,他可以随时准备牺牲当下爱好而换取尚未认识的未来。在这点上,人很伟大,盖其可以认识真理。即使极端自私之人,也不得不承认这一真理,也得约束自己一时的冲动,换言之,也得讲道德。这是因为,道德能力,是这么一种能力:凭借它,我们明白生命不是由碎片组成的、无意义的、非连续性的。人的这种道德观念,不仅让他有能力认识到,自我具有时间上的连续性,而且让他有能力认识到,倘若只局限于自我,他就是不真实的。真实之人比事实之人,更为丰满。他确实属于不包含他自身个性的个体,甚至属于他自己可能永远也不可能了解的个体。如他对外在于当下意识的未来自我有感觉一样,他对其个性范围外的更大自我也有感觉。没有人对此没有某种程度的感觉;没有人从来没有为其他人而牺牲其私欲;没有人从来没有为取悦他人而忍受损失或者痛苦,并为此感到快乐。人非孤立之人,而具有普遍性的一面。这是真理,而且在其认识到这点后,就会变得伟大。甚至最可恶的自私之人,企图寻找作恶的力量时,也不得不承认这一点盖他不可能无视真理而强大无比。因此,为得到真理的帮助,自私之人也不得不在某种程度不自私。强盗，为结伙作案，也得讲道德：他们可以满世界作案，但不得针对自己人作案。为确保非义之举成功，采用的某些手段也得讲道德。事实上，促使我们作恶，促使我们损人利己，促使我们侵害他人的力量，最有效的往往是道德力量。动物的生活，不讲道德，因为它意识到的只是眼前；人之生活可能不讲道德，但那只能因为一定存在一个道德基础。不道德并非完全不讲道德，正如虚假在小范围内是真实的一样，否则，它不可能是虚假的。不了解是盲目的，误解是不完全的了解。人之自私，始于了解某些联系、了解生命的某些意义，但要根据其命令采取行动，需要自我克制和调整自己行为。自私者，为了自己心甘情愿忍受苦恼，会毫无怨言地承受贫穷与苦难。原因很简单，他明白，从转瞬即逝角度去看，所谓的痛苦与烦恼，与更广阔视野之中看见的东西正相反。所以说，小人之所失，伟人之所得，反之亦然。

为理想、为祖国、为人性之善而生活者，生命具有广泛意义，痛苦对他而言，是次要的。为善而活，就是为全体而活。欢愉是个体自我的，善是关系全人类幸福的而且是永恒的。从善之角度看，欢愉与痛苦，具有不同意义。因此，可以放弃欢愉而追求痛苦，死亡本身由于赐予了生命更高价值也会受到欢迎。从人之生命的这些更高立场来看，从善之立场来看，欢愉与痛苦都失去了其绝对价值。历史上的殉道者证明了这一点，日常生活的微小牺牲证明了这一点。从大海中舀一罐水，是有重量的；潜入大海，头上有成千上万罐水在流动，但无法感觉其重量。我们不得不用力背起自我这个大罐子，因此，欢愉与痛苦，在自私这个平台上，具有完整重量，而在道德这个平台上，如此之轻；有道德者，在经受千斤压顶考验时仍然坚忍不拔，在面对残酷折磨时仍然坚贞不屈,简直是超人。

过完美之善的生活,就要在无限之中感悟自己生命。这是凭借生命内在精神力量能够拥有的最全面人生观。佛经要求的,是修炼精神力量至最高程度,是领悟我们的活动范围不受狭窄自我平台的约束。这也是基督教对天堂的看法。当获得宇宙生命即精神生命时,就会摆脱欢愉与痛苦的束缚,自我腾出之地就会充满从无限之爱涌出的难以言说的欢乐。到达这种状态,灵魂活动就会得到升华,唯有动力不是来自欲望,而是寓于自身欢乐。这就是《薄伽梵歌》的"卡玛瑜伽",即通过无私善行而与无限活动融为一体之路。

佛陀在提及其感悟人类摆脱痛苦束缚之路时,就已经认识如下真理:在个体融入宇宙而实现最高目标时,人就会从痛苦的奴役中得到解放。让我们更充分地思考这点吧。

有位学生与我谈到遭遇暴风雨的经历时说:大自然呈现在他面前的那种巨大骚动感受,一直困扰着他,他觉得自己只不过是一粒尘埃;要是丝毫没有受到所发生之事的影响,他会是拥有自身意志的不同个性之人。

我说:"倘若我们的个性能够让大自然摆脱其本性,个体就将经受更多苦难。"

但是,他坚持其怀疑,说:这个事实无法忽视——我感觉我是我。这个我们之中的"我",会寻找与其个体的联系。

我回答:此"我"与"非我"存在某些联系,因此,必定拥有共同媒介,绝对可以肯定:这个媒介对"我"与"非我"都是一样的。

在这里,有必要重申一些东西。必须记住,我们个体是由本性推动着去寻找宇宙的。我们的身体,倘若是吃掉自身,唯有死亡一条路;我们的眼睛,倘若只看到自己,就会丧失其功能的意义。

诚如我们发现,想象力越强大,就会越少幻想成分,就会越加符合真理一样,我们发现,个体越活跃,通向普遍之路就会越宽。这是因为,个性之伟大,不在于其本身,而在于其普遍内容,就如判断湖泊深度,不是凭湖洞面积而是凭水深进行衡量一样。

同样地,倘若我们的本性真的向往现实,倘若我们的个性真的不会为自身那么丰富的创造物而感到高兴,就最清楚地说明,我们的意志只能按照事物规律行事,而不能为所欲为。这种硬邦邦的现实有时会违反我们的意志,常常给我们带来灾难,就如坚硬大地总是碰伤跌倒的学走路的孩子一样。然而,让孩子学会走路的,正是碰伤孩子的坚硬大地。有一次,我划船从桥下穿过,船之桅杆撞上了桥梁。只要在过桥的那一刻,桅杆弯一两寸,或者桥像打呵欠的猫一样弓起桥身,或者河水水位低一点点,就什么事也不会发生。可是,它们都没有注意到我的无助。我能利用河流并借助桅杆扬帆航行的原因,就在这里;在河水不便航行时,我能依靠桥梁的原因,就在这里。事物本来就是如此,倘若要同它们打交道,就得了解它们。要了解它们是可以做到的,因为我们的愿望并非其规律。这种知识,对于我们,就是一种快乐,因为它是我们与外在事物联系的渠道:它可以成为我们自己的东西,从而拓宽我们自身的活动范围。

每走一步,都必须考虑他人,而不是自己,盖只有死亡后,我们才是孤独的。一个诗人,唯有能够让所有人从其思想中得到快乐,才是真正的诗人。倘若诗人与所有受众之间不存在共同媒介,就无法做到这一点。这种共同媒介有其规律,诗人必须予以发现并遵循。若如此,他就会成为真正的诗人,就会成为不朽的诗人。

至此,我们已明白,人之个性,并非其最高真理。在其内心,存在普遍性的东西。倘若人之生活唯一要考虑的因素,就是自身世界,这个世界就会成为无法想象的最糟糕的监狱,盖人之最大快乐,乃通过与全体的越来越多的联系而变得越来越大。如我们已经注意到的,万物没有共同规律,是不可能的。唯有发现并遵循这种规律,我们才能变得更伟大,我们才能领悟普遍性。因此,只要个人欲望与普遍规律存在冲突,就会遭遇痛苦,就会劳而无功。

从前,我们祈祷可以取得特权,我们盼望自然规律为方便我们而停止发生作用;现在,我们已有更深了解,明白规律不可能束之高阁。正是拥有了这种知识,我们变得强大。规律这种东西,不会与我们分离,是属于我们自己的。在普遍规律之中展示的宇宙力量,与我们自己的力量是一体的。我们渺小时,我们违背潮流时,它就会阻碍我们;我们强大时,我们与万物一致时,它就会帮助我们。因此,借助科学而认识更多自然规律时,我们就会获得力量,就会收获宇宙之躯;我们的视觉器官、运动器官、身体力量,就会遍及全球;蒸气与电力,就会成为我们的肌肉与神经。于是,我们发现,就像有那么一种联系原则贯穿我们的肉体器官一样,也有那么一种持续不断的联系原则贯穿整个宇宙:由于肉体器官之中存在着那种原则,我们可以把整个肉体称作我们自己的身体,并加以利用;由于宇宙之中存在那种原则,我们可以把整个世界称作我们得到扩大的身体,并加以利用。在这个科学时代,我们的全部努力,就是主张我们拥有我们的世界自我。我们知道,一切贫苦,盖因无法得到我们就自己的东西所拥有的合法权利。的确,我们的力量是无限的,因为我们不在体现宇宙规律的宇宙力量之外。我们走在战胜疾病与死亡、征服贫穷与痛苦的道路上,这是因为,借助科学,我们一直走在从物质方面认识宇宙的道路上。随着取得进展,我们会发现,痛苦、疾病以及能力的欠缺,不是绝对的,唯一要做的,是调整个体自我,使之适应其源头的宇宙自我。

我们的精神生活与此相同。当我们之中的个别人触犯宇宙之人的合法统治时,我们就会在道德上变得渺小,我们必定遭受痛苦。在这种条件下,成功就是最大失败,而且给我们留下贫困的,就是欲望的满足。我们为自己追逐特殊利益,我们要求独享特权。可是,每一件绝对特殊之事,都与普遍之事存在无穷无尽的冲突。要是处于这么一种内战状态,人总是生活于各种路障之后,而且在任何一种自私文明之中,我们的家,不是真正的家,因为围困着我们的是人为障碍。但是,我们却抱怨不幸福,就好像是事物天性中存在某些固有的东西,是它们让我们感到痛苦。宇宙精神在等待着为我们带上幸福的皇冠,但是,我们个体的精神却不接受。处处引起冲突与不睦的,破坏社会正常平衡而导致一切痛苦的,是我们的自我生命。它把诸多事物带至关隘,以至于为维护秩序,不得不采取人为高压手段和专制组织形式,不得不容忍在我们之中存在的地狱般的、随时随地都让人性受辱的机构制度。

我们已经明白,为强大有力,必须服从宇宙力量的规律,并且在实践中,领悟它们就是我们自己的。同样,为了幸福,就不得不让个人意志服从宇宙意志的统治,并在实际上感受它就是我们自己的意志。在实现我们内心的有限与无限的完美协调状态时,痛苦本身就会成为宝贵资产,就会成为衡量快乐的真正有价值的标尺。

人类从自身生活之中得到的最重要教训,不是这个世界上存在痛苦,而是这种痛苦可以由人把它转化为善资产,而是有可能由人转化为快乐。这个教训,我们并未完全忘记。没有一个活着之人愿意被剥夺受苦之权利,盖这是他做人的权利。一天,有位贫穷工人的妻子向我悲痛地诉说,其长子将被送往富裕的亲戚家生活一段时间。这意味着,有人好心试图帮她解脱烦恼,但却给她带来打击,盖母亲的烦恼乃母亲的权利、乃其爱之不可剥夺的权利,而且她不愿受权宜之计的任何命令而放弃这种权利。人现有的自由,永远无法摆脱烦恼,可是,为了人之善而忍受烦恼,苦中作乐,是人之自由。因此,只有认识到,我们的个体自我不是我们人类的最高意义时,才能让我们内心明白,我们拥有不朽的世界之人。这个人,不惧痛苦与死亡,把痛苦仅仅视为快乐的另一面。认识到这一点的人,明白痛苦就如不完美的人一样,是我们真正的财富;痛苦会让我们变得伟大并使我们无愧于完美之地位。他明白,我们不是乞丐;为了生命中每一件有价值的东西,为了我们的力量,为了我们的智慧,为了我们的爱,一定要支付这枚痛苦的硬币;这痛苦,象征着完美的无限可能性,象征着永远呈现的是快乐;在接受痛苦时丧失一切快乐之人,会坠入贫穷与堕落谷底。唯有在我们为了自我满足而祈求痛苦的帮助时,痛苦才会成为恶,才会报复在把我们拖入不幸时所受的侮辱。她是献给永恒完美的贞洁处女,而且当她在无限祭坛前取得真正地位时,她就会褪去黑暗之恶,并在观众面前揭开面纱而呈现最高快乐。

第四章　自我问题

在我之存在的一极，我与石头、树干是一体的。在那里，我得承认宇宙规律的统治，盖那是我之存在的深深根基。深潜于我之存在的宇宙力量，牢牢控制着整个世界以及它与万物之交往。

在我之存在的另一极，我与万物是分开的。在那里，我突破了平等的分界线，作为个体而独立存在。我绝对是独一无二的，我就是我，我是无双的。宇宙的全部力量，都无法压制我的这种个性。在威力巨大的万有引力定律之中，我仍然保持自己的个性。这种个性，外表渺小，实质伟大，盖它拥有自己的力量，坚决抵制会让自己丧失特性从而等同于尘埃的力量。

这是自我的上层建筑。它从模糊不清的黑暗深渊的根基升起而呈现出来，它以独立为荣，它以在设计师头脑中所形成的独一无二的、在整个宇宙之中举世无双的理念为荣。倘若这种个性被摧毁,尽管没有损失任何物质,尽管没有破坏一个原子,凝聚在那里的创造性的欢乐就会不复存在。倘若我们这种特性即我们之所以称作我们自己的唯一个性被剥夺,我们就会彻头彻尾地破产;丧失它,对整个世界而言,也是一种损失。它最宝贵,盖它不具有普遍性。因此,唯有通过它,我们才能获得更真实的宇宙。这种真实,比我们躺在宇宙怀抱之中却无法意识我们的与众不同时,更为真实。宇宙一直寻求独一无二的大团圆。而我们要保持我们独一无二特性完整无缺的愿望,实际上就是寓于我们内心的宇宙愿望。它就是我们内心赋予我们自己欢乐的无限欢乐。

人类视为最宝贵财富的这种自我独立,得到了人类遭受的种种困难的证实,得到了他为独立而犯下的种种罪行的证实。这种独立意识,是吃了知识之果的结果,曾把人类引向耻辱、罪恶和死亡。尽管如此,它对人类而言,仍然比自我所在的任何天堂都更宝贵,盖它可以确保人类躺在完全无害的大自然母亲腹中安然入睡。

坚守我们自我的这种独立性,对我们而言,乃不断奋斗与受苦。事实上,衡量自我价值的,就是这种痛苦。这种价值,一方面是牺牲,表示已经付出多少代价;另一方面是收获,表示已经取得多少成就。倘若对于我们,自我只意味着痛苦与牺牲,就没有任何价值,我们无论如何也不会作出这种牺牲。在这种情形下,毫无疑问,人类的最高目标,只能是自我毁灭。

倘若存在相应的收获,倘若它不会徒劳无功而是满载而归,其消极品质,其遭遇的痛苦和作出的牺牲,就会让一切都显得愈加宝贵,这是确定无疑的。已经领悟自我的积极意义、已经热切承担其责任、已经毫不畏惧作出牺牲的人们，对此作出了证明。

有位听众问我：印度人是否认为，自我毁灭不是人性最高目标？用前面阐述的观点，就可以轻而易举地回答这个问题。

首先，必须记住这个事实：人在表达思想时，从来都不是所用词汇的字面意思，但鸡毛蒜皮之事除外。人类话语，常常根本不是一种语言，而只是哑巴的手语，可以表示但却不能表达其思想。思想越活跃，话语越需要通过生活诠释。借助字典探求其意思者，只能机械地抵达其房屋，盖他们被挡在屋墙外而无法找到进入屋厅的入口。当我们试图按照字面含义而不是通过我们自己的生活，去理解去领悟我们伟大先知的教诲时，就会引起无穷无尽的争议，原因就在这里。只苦于追问字面含义者，是不幸的，盖他们总是忙于结网而忘记捕鱼。

无私思想，不仅在佛教、印度各种宗教，而且在基督教，都得到热烈传播。基督教曾采用死亡符号，表达人从不真实的生命之中得到解脱的思想。这与涅槃相同，它象征灯之寂灭。

印度主流思想认为，人之真正解脱，乃从无明之中得到解脱，即从无知之中得到解脱。它并非摧毁任何积极与真实之物，而是摧毁阻碍我们获得真理认识的消极之物。清除这种障碍即无知，除张开眼睑外，眼睛别无损失。

正是无知让我们认为，作为自我的我们是真实的，自我本身具有完整意义。持有这种错误的自我观时，就会把自我视为生活的最终目标并试图这样生活。倘若如此，注定会失望，正如以为抓住道路尘埃不放就可以到达目的地之人一样。我们的自我无意抓住我们不放，盖其本性乃往前走；抓住穿过生命纺织机的自我之线，无法实现将线织成布的目的。一个人专注于自我享乐时，虽然点着了炉火，但没有面粉做面包；那炉火，虽然烧了起来,但燃烧的是他自己,直至烧尽,就像残忍之兽吃掉自己子女而死亡一样。

在陌生语言环境中,语言文字极其专横。它阻挡着我们,却又一言不发。若想从语言文字的藩篱之中得到拯救,就必须摆脱无明无知,心灵才会在内在思想之中找到自由。但是,倘若以为语言上的无知,唯有毁灭语言文字才可消除,就会是愚蠢的。不,当完美知识到来时,每一个文字每一句话都留在原处,只是它们不再束缚我们,而是让我们穿过它们并把我们引向得到解脱的思想。

因此,让我们认为自我就是其本身之目的,阻止我们看见自我存在超越其局限的思想,从而让自我成为藩篱的,唯有无明。这就是为什么智者会这么说:"让你们自己从无明之中解脱出来吧,领悟你们的真正灵魂,摆脱囚禁你们的自我之控制吧!"

领悟最真实的本性时,就会获得自由。画家发现其艺术理想时,就会发现艺术自由,就可以从模仿的劳累之中解脱出来,就可以从尘世赞美的刺激之中解脱出来。所以说,宗教的作用,不是摧毁我们的本性,而是实现我们的本性。

梵文"达摩",常常译为英语的"宗教",在我们的语言中具有更深刻含义。达摩,乃万物最内在本性,即本质,即固有真理;达摩,乃我们自我行动的最终目的。做错事时,我们会说,是违反了达摩,此乃意味着我们真正的本性被蒙蔽了。

但是,这种达摩,是我们内在的真理:它不是外化的而是内在的。有人认为,恶乃人之本性,唯有得到神的特别恩赐才能得到拯救。这就好比说,种子本性是包在壳里,唯有出现奇迹才能生长为树。但是,我们难道不知道,种子的外表与其真正的本性不同吗?拿它作化学分析,就会发现,它含有碳、蛋白质以及其他许多东西，但却没有树之概念。唯有在树开始成型之时，才能看到其达摩；才能确定无疑地说，受到其达摩阻碍而在地里被废弃并任其腐烂的种子，实现了其真正的本性。在人类历史之中，我们已经知道，我们内在的生命种子会生根发芽；我们已经明白，我们内在的伟大价值在我们最伟大之人的生命之中正在实现；我们已经确实感受到，虽然在无数个体生命之中，似乎未曾体现，但这并非他们的达摩未起作用，而是这种种子必定会冲破外壳，把自身转化为充满活力的精神嫩芽，会生长在阳光与空气下，会向四面八方开枝散叶。

种子之自由，在于获取其达摩、其本性以及成为树的命运；其监牢就是没有完成这一任务。为完成这一任务而作出的牺牲，不是以死亡为终结的，而是为摆脱束缚而赢得自由的。

明白拥有这种最高自由理想时，就明白了其达摩、其本性的本质以及其自我的真正意义。乍看之下，似乎是人把藉以获得自我满足以及自我膨胀的无限机会当作自由的。可是，无疑地，历史并未证实这一点。启示我们的先人，总是那些自我牺牲之人。人之更高本性追求的，总是超越自我而又最深刻的真理，总是要求作出一切牺牲而又让这种牺牲得到补偿的东西。这就是人之达摩、人之宗教，而人之自我，就是把这种牺牲奉献给祭坛的器皿。

可以从两个不同角度考察我们的自我。一个是炫耀自身的自我，一个是超越自身从而揭示其意义的自我。为炫耀自身，它就得努力变得强大，就得站在积聚力量的基座上，就得为自身保留一切东西。为揭示自身，它就会放弃拥有的一切，从而完美得如同刚从蓓蕾中绽放的花朵，从其美丽的圣杯之中倾倒出一切甘泉。

灯盏之中的油,为确保点滴不漏不失,安全地放在封闭的油瓶中。因此,灯盏与周围一切物体都隔开,而且很吝啬。灯点亮时,它就会立即发现其意义:它与远近万物的关系得以建立,它会为燃烧的火焰慷慨献出自己所储存的油。

这种灯盏,就是我们的自我。它只要藏着财富,就会把自身留在黑暗之中,其行为就会与真正目的发生冲突。当它发现光明,就会立即忘记自身,就会把灯擎得高高地,就会奉献拥有的一切,盖那是自我的显现。这种显现,就是佛陀宣扬的自由。他要求灯盏燃尽其油。但是,毫无目的的舍弃,就会陷入毫无意义的更加黑暗的贫困状态。为发光,灯盏必须舍弃油,从而释放其储藏着的目的。这就是解脱。佛陀指引之路,不仅仅是自我扬弃的实践,而且是爱之弘扬的实践。佛经的真正意义,就在于此。

当发现佛陀宣扬的涅槃境界是通过爱抵达时,我们就会毫无疑问地明白,涅槃乃爱之巅峰。这是因为,爱,就是自身目的。其他任何事物在头脑中提出“为什么”时,我们都需要给出理由。但是,说“我爱”时,根本无须回答“为什么”,盖爱本身乃终极答案。

毫无疑问,甚至自私也会促使一个人作出牺牲。但自私者的牺牲是被迫作出的。这就像摘取不成熟的果实,得从树上扯下来,还会弄伤树枝。但是,一个人出于爱时,给予就会成为愉快之事,就像树献出成熟的果实一样。由于受到无休止的自私欲望的引诱,我们的一切财产都成了沉重包袱,无法轻易把它们从我们身上甩掉。它们似乎就属于我们的本性,像第二层皮肤一样粘住我们,剥掉这层皮肤,就会流血。但是,我们被爱占有时,其力量则以反方向运动。紧紧粘附在我们身上的东西,就会丧失其粘性和重量,而且我们会发现,它们原来并非属于我们的;我们会发现,舍弃它们绝对不会丧失什么,而只会实现我们的本性。

因此,在完美之爱中,会发现我们自我的自由。唯有为爱做事才自由,无论这会导致多少痛苦。所以说,为爱工作,在行动上是自由的。这就是《薄伽梵歌》所倡导的无私工作的意义。

《薄伽梵歌》曰:必须有所行动,因为唯有在行动之中,才能表现我们的本性。但是,只要我们行动不自由,这种表现就不完美。事实上,正是在欲望或者恐惧的驱使下被迫做的工作,模糊了我们的本性。母亲在抚育孩子的行为之中揭示自我,同样地,真正的自由,不是脱离行动的自由,而是行动之中的自由。这种自由,唯有在爱的工作中才能达到。

神之显现,就在其创造万物的工作之中。《奥义书》曰:智慧、力量、行动,都是神之本性。[1] 这些不是从外部强加于神的。因此,神之工作,就是神之自由;神是在创造万物之中实现自身的。其他奥义书也有类似记载:"一切创造皆出于欢乐,藉欢乐而坚持,趋欢乐而前进,最终进驻欢乐。"[2]这意味着,神之创造,不存在任何必然的根源;它源于其满心欢喜;它的爱就是创造。因此,创造乃神之显现。

艺术家在艺术思想成熟时,就是愉悦地将其思想具体化的,而后与之保持距离,以更充分得到它。这是让我们与我们的自我相分离的愉悦,而且为了更完美地使之成为我们自己的,就在爱的创造之中赋予其具体形式。因此,必须要有这种分离。它

---

〔1〕 详见《白骡奥义书》Ⅵ。

〔2〕 详见《泰迪黎耶奥义书》Ⅲ。

不是厌恶之分离,而是爱之分离。厌恶只有一种因素,那就是分离的因素。但是,爱拥有两种因素:一种是分离因素,这只是表象;一种是结合因素,这是最终真理。正如父亲抱着儿子往上扔时,看似抛弃,实则相反。

因此,必须明白,我们自我的意义,并非建立在与神以及其他人的分离上,而是建立在永恒的瑜伽即结合之上;不是在画布的空白面,而是在绘有图画的那一面。

这就是为什么我们的哲学家把我们的自我之孤立,描述为摩耶,即幻觉,盖它没有自己内在的真实性。它看似可怕;它把孤立提升至令人头晕目眩的高度,并在生命的美丽之脸上投下黑色的阴影;它在外表上呈现出突然破裂、反叛与破坏的样子;它傲慢、专横、任性;它为满足自己的一时贪欲,随时准备掠夺全世界的财富;它为掩饰其丑陋一天,用不计后果的残忍之手,扯下美丽神鸟的羽毛;的确,人类有这么一种传说,它的前额永远打着不驯服的黑色印记。但这一切仍然是摩耶,是无明之困;它是雾,而不是太阳;它是预示着爱之火的黑烟。

不妨设想,由于无知,某个蛮人认为:纸币之纸具有某种魔力;借助它,持有纸币之纸者,想要什么就有什么。于是,他收集诸多纸币之纸,藏着掖着,用各种荒唐之法对待它们,最后却精疲力竭,得出伤心的结论:它们绝对毫无价值,只适合扔进火堆之中。但是,聪明者明白:纸币之纸,全是摩耶,在交给银行前毫无用处。只是由于无明无知,我们才相信:我们自我之孤立,就像纸币之纸一样,其本身是宝贵的。倘若按照这种信念行事,我们的自我就会毫无价值。只有消除无明,这种自我才会带着无价财富来到我们身边。这是因为,他以接受欢乐的形式显现他自己。这些形式是与其分离的,这些形式的价值只是其欢乐所赋予的。把这些形式转换回最初的欢乐即爱时,就是在银行把它们兑换为现金并发现其真相。

当纯粹的需求促使人工作时,这种工作带有偶发性与意外性特征,是权宜之计的安排,盖在需求发生变化时,它就会被抛弃而留在废墟里。但是,当工作是出于欢乐时,它采取的形式含有不朽的因素。人的不朽因素,会把其永恒的自身品质带到工作之中。

我们的自我,系神之欢乐的一种形式,是不灭的,盖神之欢乐,是长驻的,即永恒的。此种永恒,也存在于我们之中,让我们对死亡持怀疑态度,甚至在死亡成为事实而不容怀疑时,我们仍然怀疑是否存在死亡。在我们内心,这种矛盾得到调和时,就会认识如下真理:生死之间,存在和谐。我们知道,灵魂之生命,表现形式有限而信念无限;在证悟无限的旅途上,必须通过死亡之门。死亡是一元的,本身不存在生命。但是,生命是二元的,既拥有表象,又拥有真相。死亡是表象,即与生命不可分离的、相伴相生的摩耶。我们的自我要存在,必须历经不断的变化并具有成长的形式。这种形式,可以称作"不断之死"与"不断之生"而且它们可以同时进行。拒绝接受死亡时,我们赋予自我某种固定不变的形式时,我们的自我感觉没有促使其抛弃自身时,它把其限制视为终结并依此行动时,实质是在招引死亡。因此,我们的导师号召消灭这种死亡,这并非寂灭而是永生。它是在晨曦之中的熄灭之灯,并非太阳之枯竭。它实际上是要求我们,自觉实现我们本性深处深藏的愿望。

我们身体中存在两种不同的欲望,我们会努力让它们协调起来。在我们肉体本性领域,存在一种我们一直可以感受到的欲望。我们希望享受饮食之乐,追求肉体的享乐与舒适。这些欲望,都以自我为中心,只与各自冲动有关。例如,口欲常常背离胃的能量。

我们还有一种欲望,那就是我们身体系统作为一个整体的欲望,而这种欲望常常无法意识到。它就是健康的愿望。它一直在工作,修修补补,遇到意外情形就作出调整,身体紊乱时就熟练地让其恢复平衡。它与满足我们肉体的直接欲望无关,但会超越当下的要求。它是我们身体的整体原理,把我们的生命与过去、将来联接起来,保持着各个器官的一致性。聪明人了解它,并会让身体的其他愿望与之协调。

我们还拥有一个更伟大的躯体,那就是社会之躯。社会是一个有机体,作为这个机体组成部分的我们,拥有个人愿望。我们追求享乐与特权,希望比他人少付出而多收获。这就会引起争夺与战争。但是,在我们身体之中还存在其他愿望,这种愿望在社会躯体深处起作用,那就是维护社会福祉的愿望。它可以超越当下与个人的限制,站在无限这一边。

寻求自我满足之欲望与维护社会福祉之愿望的关系,聪明人会尽量予以协调,而且唯有如此,才能证悟更高境界的自我。

在有限方面,自我对其分离有意识,而且在企图比他人更优越方面,不讲任何情面。但是,在无限方面,其愿望是获得引向完美而不是自我膨胀的和谐。

我们身体本性之解放,在于获得健康;我们社会躯体之解放,在于获得善;我们自我之解放,在于获得爱。最后一点,就是佛陀所说的寂灭——自私之寂灭——就是爱之作用,它不会导致黑暗而是引向光明。这就是达至菩提之境,或者是真正的觉悟;它是在爱的照耀下,我们内心的无限之乐的显现。

我们自我的转化,通过独立个性而达至灵魂和谐。这种和谐,永远不可能通过强迫而达至。我们的意志,也是如此,在成长的历程中,必须穿过独立与反叛而达至最完美之境。在获得积极自由即爱之前,必定会存在消极自由的形式,而这种形式就是放纵。

这种消极自由,即任性自由,可能与最高证悟背道而驰,但是,不可能与最高证悟一刀两断,盖倘若如此,就会丧失自身意义。我们的任性自由曾使自由达至一定程度,它能明白如何离开正道,但它无法往那个方向永远走下去。这是因为,在我们的消极方面,我们是有限的。不协调的人生恶行,必定会终止,盖恶非无限而有限,不和谐本身也并非目的。我们的意志拥有自由,为的是找到迈向善与爱的真正道路,盖善与爱无限,唯有在无限之中,才有可能完全认识自由。我们的意志,也如此:不是走向摩耶与消极的我们自我的有限,而是走向真与爱的无限,是能够自由的。我们的自由不可能违反自由本身的原则而仍然是自由的;它不可能已经自杀而仍然活着。不可能说,我们应当享有无限自由以束缚我们自己,盖束缚乃扼杀自由。

在我们意志的自由之中,也如此,同样拥有表象与真相的二重性:任性只是自由的表象,爱才是真相。当尽力让表象独立于真相时,我们的努力带来的是痛苦,并最终证明徒劳无益。任何事物都具有摩耶与萨蒂扬即表象与真相的二重性。语言,就它们仅仅是声音并且有限而言,是摩耶;就它们是思想而且无限而言,是萨蒂扬。我们的自我,就其仅仅是个体的和有限的而且认为其分离是绝对的而言,是摩耶;就其承认其本质在于普遍与无限、在于帕拉玛特玛(最高灵魂)而言,是萨蒂扬。这就是基督所言"还没有亚伯拉罕,就有了我"的意思所在。这就是通过内在的"我存在"说明永恒的"我存在"。当它在无限的"我存在"

之中实现和谐自由时,个体的“我存在”就达至完美之境。这就是穆克蒂,即解脱,从无明无知的摩耶即表象中得到解脱,在真相的完美恬静中、在善的完美行动中、在爱的完美结合中获得解脱。

不仅在我们的自我之中,而且在大自然之中,都存在这种与神的分离。我们的哲学家把这种分离称为摩耶,盖分离本身并不存在,分离并未从外部限制神之无限。控制神本身的,是神自己的意志,正如在考虑棋子移动时,是棋手控制其意志。棋手愿意接受各个棋子之间的确定关系,并借助那些关系的限制,从表现其能力之中感受欢乐。这并非棋手不能任意移动棋子,而是这么做,就无法下棋。倘若神擅自承担无所不能的统治,其创造就会终结,其力量就会毫无意义。力量之所以是力量,一定要在一定范围内行动。神之水必定是水,神之地只能是地而不可能是其他。形成水与地的规律,就是神的规律。神就是按照这个规律把玩家与游戏分开,盖玩家的欢乐就在游戏中。

由于受规律约束,大自然与神是分离的。受利己主义限制的自我,也是与神分离的。神愿意限制其意志,并赐予我们对我们自身这个小小世界的主宰权。这就像父亲给儿子零用钱,在这些零用钱范围内,儿子可以自由决定如何使用。尽管它是父亲的部分财产,但是,他已经让零用钱脱离了其意志。这种意志,是爱的意志因而是自由的,唯有与他人自由意志结合才能享有其欢乐。必定拥有奴隶的暴君,把奴隶视为实现其目的之工具。这种满足自身需要的意识,促使他扑灭了奴隶的意志,从而使其自私利益绝对安全。这种自私利益无法容忍他人拥有丁点儿自由,盖其本身就不自由。暴君实质上是依靠奴隶的,因此,他迫使他们服从其意志以便全面利用。但是,爱人为实现其爱,必定拥有两种意志，盖爱之完美在于和谐，即自由与自由之间的和谐。因此，神之爱，是我们的自我形式之来源，让自我与神相分离；正是神之爱，重新建立起和谐，并通过分离把我们的自我与神结合起来。这就是我们的自我不得不进行无止境的更新的缘故。在分离状态中，自我无法永续。分离是有限的，而且在有限之中，一再出现妨碍自我回归无限之源的障碍。我们的自我不停地送走时光岁月，在忘却与死亡之中不断地摆脱其约束，为的就是实现不朽的青春。它的个性必然反复融入于普遍之中，事实上是每时每刻都在更新其个体生命；它必定是每一步都遵循永恒的旋律，都触摸着根本的统一，从而在力与美上保持着均衡的分离。

无论何处，都可以看到生死游戏——这是吐故纳新的蜕变。每天早晨，白昼向我们走来，光洁，白净，犹如花朵般新鲜。但是，我们知道，它是古老的，它是历经风霜的。正是那远古的一天，在它的怀抱之中，接受了新生的地球，用它那洁白的光之斗篷覆盖着大地，并在日月星辰之中将其送上朝圣旅程。

如今，白昼双脚依然不知疲倦，白昼双眼依然炯炯有神。它带着长生不老的金色护身符，在其抚摸下，万物额头皱纹全都消失。在世界心脏核心，耸立着不朽青春。死亡与腐朽，会在它脸上投下瞬间的阴影并离去，但并未留下足迹，真理仍然保持着青春与活力。

地球上这个古老又古老的白昼，每天早晨一次又一次地诞生，一再回到其音乐开头的叠句。倘若其行程是一条无限的直线，倘若其投入深不见底的黑暗而不会存在可怕的休止，倘若其在生命无穷的开端之中不曾有反复的重生，白昼就会用尘土逐渐玷污、掩埋真理，并且让其沉重脚步之下的地球一直疼痛不止。若如此,每一刻都会留下疲惫的重负,衰老将会在它那永远肮脏的宝座上占据最高统治地位。

当然,每天早晨,白昼依然在盛开的鲜花中重生,传递着同样的信息,重复着同样的断言——死亡是永远死去的,汹涌波涛是表面上的,平静大海是深不可测的。夜晚帷幕被拉到一边,真理浮现了,但其外套上并无一粒尘埃,其容貌上并无一丝岁月痕迹。

我们看到,万物之前的他与今天的他,并无二致。从其歌声中唱出的万物之声的每一个音符,都是新鲜的。宇宙,不是犹如无家可归的流浪汉一样回荡在天空中的纯粹回声。它那古老之歌的回声,曾一度在万物朦胧的开端响起,而后又孤独地消失。每时每刻,它都发自主人的内心,都呼吸着主人的呼吸。

像思想体现于诗歌一样,白昼布满整个天空,却又从未因自身不断累积的重负而破碎,原因就在这里。因此,令人惊叹的无穷无尽的变化,无法解释事物的出现,个体永不停止的前进行列,在宇宙之中都无与伦比。就如最后同最初一样,开始永不终结。世界,永远古老,永远崭新。

我们的自我必须明白:生命,每时每刻都必须重生;必须突破把它裹在硬壳里而使它显得衰老并承担死亡重负的一切幻觉。

这是因为,生命乃不朽青春,生命憎恨企图阻止它那运动的岁月——这种岁月,并不属于真实生命,而是影随灯走般地跟随生命。

我们的生命,就像河流,拍打着河岸,但并不觉得自身被禁锢,而是每时每刻都重新认识到,不停地奔向海洋。它是一首诗,每一节都押韵,却没有被刻板韵律规则压制,而是每时每刻都表现着和谐的内在自由。

我们个性的界墙,一方面把我们推回界限之内,另一方面把我们带向无限。唯有试图把这些界限变为无限时,我们才会陷入根本不可能的冲突并招致悲惨失败。

这就是引发人类历史上伟大变革的原因。每当部分摒弃整体,企图沿着它自己的独立道路奔跑时,整体的巨大牵引力就会用力扭转它,让它猛然停止,并把它碎成尘埃粉末。每当个体企图阻挡川流不息的世界潮流,欲把它禁锢在其个人利用领域范围时,就会带来灾难。国王无论力量多么强大,都不能竖起旗帜反抗统一而仍然拥有强大的无限力量之源。

曾有人说过:用不义手段,可以获得成功,可以满足欲望,可以战胜敌人,但是,最终会被砍断根基并遭受灭顶之灾。欲获得伟大人格,根基就必须深深地扎根于普遍之中。

我们自我的目的,就是追求统一。自我必须在爱与谦卑之中低下头,站在伟大与渺小的交汇处。自我必须先舍后得,必须先降再升。倘若孩子无法回到母亲怀抱,他的游戏就会很恐怖;倘若无法在爱中舍弃傲慢,我们个性的傲慢对我们就会是一场灾难。必须明白,唯有无限之揭示,才是我们内心的无穷之新与永恒之美,才能赋予我们自我唯一的意义。

第五章　爱之悟

现在谈谈有限与无限、最高存在与我们灵魂共存的永恒问题。在存在的根基上，有一种异乎寻常的悖论。这个悖论，永远无法绕开，盖因我们无法永远站在这个问题的门外而权衡针对它作出的其他解决方案。但是，这个问题，只是逻辑上存在，现实中根本不会给我们造成任何困难。从逻辑上说，两点之间的距离，无论多么接近，都可以说是无限的，盖它无限可分。然而，我们迈出的每一步，都在超越无限，每一秒都在与永恒相会。因此，我们有些哲学家就说：根本没有有限之物，有限只是摩耶，只是幻觉。真实是无限的，而且唯有摩耶，即不真实，才导致有限的表象。但是，“摩耶”这个词，只是名称而已，不必作出解释。它只是说：表象，即真实的对立面，与真实是相伴相随的；但两者如何同时并存，是无法理解的。

梵文有“相违释”一词，指万物对立面。例如，正极与负极、向心力与离心力、吸引力与排斥力等。这些也只不过是名称而已，不必作出解释。它们只是从不同角度说明，世界本质是各种对立力量的调和。这些力量，就像造物主的左右手，都是在绝对协调之中活动的，不过，方向是相反的。

两眼之间存在和谐的结合，让双眼行动协调一致。与此类似，在物质世界，热与冷、光明与黑暗、运动与静止，犹如钢琴的低音键与高音键，也存在一种无法割断的持久关系。这就是为什么在宇宙中，这些对立关系并未导致混乱而是带来和谐。倘若宇宙只是一片混乱，可以想象这两类对立因素就会试图压倒对方。然而，宇宙并非处于临时而专横的军法管制之下。在这里，看不到有一种力量，要么胡作非为，要么像被放逐的反叛者那样无休止地走在那条荒无人烟的道路上，打破周围的一切协调环境。相反，每一种力量都会在曲线中回归平衡状态。海浪涌起时，每个浪头似乎都以冷酷无情的姿态，竞相升至各自高度，但它们实际上只是升至一定高度。如此这般，我们就认识到，大海的高度宁静与所有海浪都有关，这些海浪必定全都以极其美妙的韵律复归平静。

事实上，海浪的波动与震荡，海浪的起起伏伏，不是不同物体的无规律骚动，而是有韵律有节奏的舞动。这种韵律节奏，绝不可能产生于偶发的竞争搏斗之中，其基本原则必是统一而不是对立。

这种统一原则，是所有神秘之中的神秘。这种二重性的存在，立即在我们心中提出了一个问题，而我们在统一之中寻找答案。当最终发现这两者的关系并由此明白它们本质上乃一体时，我们就会感到，已经得到真理。于是，我们会得出如下最为惊人的悖论:一表现为多,表象乃真相的对立面而且与真相密不可分。

很奇怪,有些人在大自然的多样性中发现统一规律时,竟然没有这种神秘感,这可是我们所有欢乐的基础。这就好像万有引力并不比苹果落地神秘一样;这就好像生物从一个阶段进化到另一个阶段,不是比创造万物更难以解释一样。不幸的是,我们还常常止步于这个规律,似乎它就是探索目的,而随后我们会发现,这甚至还没有开始着手解放我们的精神。它只是满足了我们的理智,而且由于对我们的整体存在没有吸引力,它只会在我们内心削弱对无限的感知。

一首伟大的诗歌,分析起来,是一系列孤立的声音。读者明白其含义,即连接这些外部声音的内在媒介,就会发现贯穿其中的、绝对丝毫不能违背的完美规律:这是思想发展的规律,是音乐与形式的规律。

但是,规律本身就是一种局限。它只是说明,是这样而绝对不是那样。一个人专心探求因果关系时,头脑会逃离事实专制而屈从规律专制。在学习一门语言的过程中,从纯粹的词汇中发现词汇规律时,就已经取得极大收获。但是,倘若就此停滞不前,只关心语言的奇妙组合,寻求其表面变化的潜在原因,就不能达到目的,盖文法不等于文学,韵律不等于诗歌。

步入文学领域,就会发现,尽管它要符合文法规则,但是,它仍然是令人愉悦的,它本身是自由的。诗之美受苛刻格律约束,但是,它是超越那些格律的。格律,乃诗歌之翅膀,不是让其不堪重负,而是把其引向自由。诗之形式在于格律,其精神在于美。格律乃迈向自由的第一步,美乃奠基于格律之上的至善之美。美本身,就是让限制与超越、格律与自由和谐一致。

在宇宙之诗中，其韵律之律的发现，其扩张与伸缩，其运动与中止，其形式与特征之探索，都是思想的真正成就，但是，我们不能就此停滞不前。这就像火车站一样，站台并不是我们的家。唯有获得最终真理，才能领悟整个世界就是欢乐的创造物。

这引发我思考：人类内心与大自然的关系，究竟有多神秘？大自然，在我们活动的外部世界，是一幅图景；在我们内心，即在我们的内部世界，却又呈现完全不同的一幅图景。

以植物之花为例吧。它无论看上去多么美丽精致，都得做出巨大牺牲，而且其色彩与形式都是配合其工作的。它必须结果，否则，就会破坏植物生命的连续性，不久之后大地就会变成荒漠。因此，花之色彩气味，都具有特定目的：蜜蜂采蜜授粉，挂果期一到，就得落下花瓣，残酷的经济就会迫使它放弃醉人的芳香。它没有时间炫耀美丽，盖极其繁忙。从外部看，必然性似乎是自然界的唯一因素，盖万物都必须为之工作与运动。花蕾发育为花朵，花朵结成果实，果实育为种子，种子又长成新植物，如此不断循环往复，这种运动链条会不断地持续下去。倘若在这个过程中意外出现什么干扰或者阻碍，无论是什么理由都不会被接受。阻碍其运动的不幸之物，会被立即当作废物，其下场必是匆匆走向死亡与消失。在大自然的巨大办公室，有无数部门一直从事着无穷无尽的工作。在那里看见的美丽花朵，色彩艳丽，气味芳香，就像花花公子，但是，它绝不是所显现的这个样子，而是像一位风吹日晒的辛勤劳动者，它得提交一份清单才能说明其工作，根本没有任何喘息时间享受一下嬉闹的欢乐时光。

可是，同样的这朵花映入人们内心时，其繁忙的实际景象却会消失，而变成闲暇与休憩的象征。同样的物体，在外部是无数活动的化身,在内部却是美丽与平静的完美体现。

科学在这里警告我们:是我们错了;花之目的,除了外部显现的以外,什么也不是;我们以为它所具有的美丽与芳香,是我们自己所添加的,是毫无根据的想象。

然而,我们内心却回答说:我们一点儿都没错。在自然界,花携带着介绍信,证明花具有无限能力,可以做好有意义的工作。但是,它叩击我们心扉时,却带着完全不同的介绍信,此时,美丽是它唯一的证明。花,在这里是奴隶,在那里是自由民。那么,我们为什么应当相信第一封而不相信第二封介绍信?在牢不可破的因果关系链条之中,花已取得生命,这是确定无疑的。但是,那只是外部真实。其内部真实是:"一切物都产生于永恒之喜。"[1]

因此,花,不仅在自然界中起作用,而且在人类心中起着巨大作用。那是什么作用?在自然界中,花作为奴仆而工作,必须在规定时间内出现;而在人类心中,它看起来就像国王的信使。据《罗摩衍那》记载,悉达被迫离开丈夫,在罗波那的黄金宫殿中哭诉自己的恶运时,一位使者来到其面前,带来了其心爱的丈夫罗摩本人的戒指。正是看到这枚戒指,悉达确信,信使带来的消息是真实的。这时,她立即安下心来,相信他确实是从她心爱的丈夫那里过来的,她丈夫并没有忘记她,会来搭救她。

这样一位信使,就是从我们伟大的爱人那里带来的一朵花。当世俗的富足厚颜无耻地诱惑着我们,要求我们作其新娘时,我们虽然身处与罗波那黄金城那样的浮华炫耀的世俗之中,但仍然过着流浪般的生活。此时,花从彼岸带来消息,在我们耳边低

[1] 详见《泰蒂利耶奥义书》Ⅲ。

语:“我来了,是他派我来的,我是美的使者,美的灵魂是爱的祝福。他架起了通往这座孤岛的桥梁,他没有忘记你,他甚至现在就会来救你。他会把你带到他那里,让你成为他自己的,这种幻觉将永远不会让你受奴役。”

我们当时倘若被唤醒,就会问:“怎么可以知道,你的确从他那里来的?”信使会说:“瞧!我有从他那里带来的戒指。它的色泽多么迷人啊!”

啊,这戒指,毫无疑问是他的——没错,这是我们的结婚戒指。此刻,一切都已忘记,唯有触摸着这永恒之爱的甜蜜象征,才能让我们充满深深的渴望。我们会领悟到,黄金宫殿与我们毫不相干——我们的解脱在宫殿之外——在那里,爱才会有结果,生活才会圆满。

花,对自然界蜜蜂而言,只知道色泽与气味以及显示花蜜踪迹的标记或者地点;对人类心灵而言,是不受需求限制的美与喜。它们给人类心灵带来的,是用五彩墨水书写的情书。

因此,我认为,我们行为的本性,无论在外表多么繁忙,但在内心却有一个密室。在那里,她来去自由,不带任何目的;在那里,她工作室的火焰可以转化为节日宴会上的灯光,她工厂的噪音听起来如同音乐。在外部自然界,因果链条发出沉重的声音;在人类内心,它那纯净欢乐发出的声音,犹如竖琴金色琴弦发出的美妙之音。

这似乎确实令人称奇,大自然同时存在两个如此对立的方面:一种是奴役状态,一种是自由状态。同样的形式、声音、颜色和气味,存在两种相反的曲调:一种是需求,另一种是欢乐。外部的自然界繁忙躁动,内部的她安静祥和。一方面,她忙碌工作;另一方面,她安逸自在。仅从外部看,看见的是束缚;但从其内心看,看见的是无限美丽。

我们的先知说:“万物从喜而生,依喜而养,趋喜而前,入喜而终。”

这并不意味他无视规律,或者说,他对无限欢乐的期待,乃他沉湎抽象思维而陶醉其中之故。他完全承认不可抗拒的自然规律。他说:“火惧怕他(自然规律)而燃烧;太阳惧怕他而发光;风、云和死亡,惧怕他而各司其职。”这是铁律的统治,稍有违反就会受到惩罚。但仍然有诗人吟唱欢喜之歌:“万物从喜而生,依喜而养,趋喜而前,入喜而终。”

“不朽生命,以欢乐形式显现自身。”[2]他在宇宙之中的显现,乃出于极乐。这种无限欢乐的本性,就是在规律形式之中认识自己。这种无形的欢乐,必定会创造并转化为种种形式。歌手的欢乐,用歌声表达;诗人的欢乐,用诗歌表达。作为创造者的人,是一直在创造种种形式的,而且它们都源自于创造者的无限欢乐。

这种欢乐,别名是爱,本质上必定具有两种实现形式。歌手有灵感时,把自己一分为二:他内心拥有作为听众的另一自我,外部听众只是另一自我的延伸。爱者是在被爱者身上寻找另一自我的。正是欢乐,为了跨越障碍而实现结合,制造了这种分离。

不朽者的欢乐已经使自身一分为二。我们的灵魂,是被爱者,是他的另一自我。我们是分离的。倘若这种分离是绝对的,在这个世界上,就必定存在绝对痛苦与沉重罪恶。若如此,绝不可能摆脱不真实而达至真实,绝不可能摆脱罪恶而希望达至纯

〔2〕 详见《蒙达迦奥义书》Ⅰ、Ⅱ。

洁的心灵;若如此,一切对立仍将保持对立,绝不可能找到什么媒介,让所有分歧达至弥合程度;若如此,生活,将不会有语言,将不会有理解,将不会有心灵交融,将不会有合作。不过,事实恰恰相反,我们发现,物体分离处于易变状态。它们的个性一直在变,它们交汇融合,直至科学转变为玄学、物质失去界限、生命定义越来越模糊。

是的,我们个体的灵魂已经从最高灵魂之中分离出来,但这并非出于疏远而是出于完美之爱。其原因在于:虚假、痛苦、罪恶,都不是静止不变的。人之灵魂,可以抗拒它们,可以征服它们,不仅如此,还可以把它们完全转化为崭新的力与美。

歌手把歌曲转化为歌声,把欢乐转化为形式,而听众又把歌声转化为最原始的欢乐。此时,歌手与听众的交流得以完成。无限欢乐以多种形式体现自身,并接受规律约束。当我们从形式回到欢乐、从规律回到爱,当打开有限之结而回到无限时,就完成了自己的天命。

人类灵魂,走在从规律到爱、从戒律到解放、从道德到精神的旅途上。佛陀宣讲的自我约束与道德生活戒律,就是对规律的完全接受。但是,接受规律约束本身不是目的,完全掌握规律乃为获得超越规律的手段。它是回归梵,回归无限之爱,即通过有限规律形式显示自身。佛陀将其称为"梵天住行",即寓于梵之乐。希望达至这种境界者,按照佛陀教诲,"就不应欺骗任何人、就不应憎恨任何人、就绝不能以瞋伤人。他应对众生拥有无限爱,甚至就像母亲对待唯一儿子一样,可以做到用生命保护儿子。他应把自己的爱,那无边无碍的爱,那摆脱了一切残忍与敌意的爱,扩大到上上下下的周围一切。无论是站、坐、行、卧,甚至睡,都应在这种普遍善意的修行之中保持这种信念。"

缺乏爱,就是一定程度的无情,盖爱是完美的意识。没有爱,是不理解,或者更确切地说,不理解,是没有爱。爱,是我们周围一切的最终意义。爱,不仅是感情,也是真理;是一切创造之根的欢乐,是从梵之中放射出来的纯粹意识的白光。所以,要与萨凡那布——既存在于外界的天空又存在于我们内心灵魂的全知全觉之物——融为一体,我们必须达到意识顶点,那就是爱。“倘若天空不是充满欢乐,谁还能携着爱呼吸或者运动?”[3]正是通过把我们的意识升华到爱的程度并将它扩展到全世界,我们才能达至梵天住行的境界,才能共享这种无限欢乐。

爱,在无数礼物之中自发奉献自身。倘若通过这些礼物没有领悟爱,没有领悟奉献者,这些礼物就会失去最完整的意义。因此,必须内心有爱。内心无爱之人,只是根据礼物是否实用评价爱人所赠礼物。实用与否,是暂时的、部分的。它永远不可能占据我们整个生命:有用,只是在需求点上触动我们。需求得到满足时,仍然坚持是否有用,就会成为负担。另一方面,心中有爱,即使一点象征性纪念品,对我们也具有永恒价值。这是因为,它不是为了什么特定用途的,它本身就是目的,它是为了我们整个生命因而永远不会让我们感到厌倦。

问题是,我们以何种方式接受这个世界——这个完美的欢乐礼物?珍藏具有永恒价值之物的内心,能否接受它?我们疯狂地忙于利用宇宙之力获取越来越多的权力,我们从宇宙的仓储中获取衣食,我们掠夺着宇宙的财富,宇宙成了我们进行残酷竞争的场所。难道我们生来就是如此,就是为了把我们的财产

---

〔3〕 详见《泰迪利耶奥义书》Ⅱ。

权利扩展到这个世界的角角落落，就是为了把它变成供交易的商品？全部思想只集中在如何利用这个世界，世界就会对我们失去真正价值。我们龌龊的欲望会让这个世界贬值，最后总有一天，我们只能从它身上获取食物而丧失真理，就像贪婪的孩子从珍贵的书上扯下书页而欲吞掉它们一样。

在食人盛行地，人把其他人都看作自己的食物。如此之国，文明永远不会兴旺发达，盖人会失去更高价值而变得粗俗。但是，也有一些食人族，也许不会那么粗俗，可也一样可恶。这种食人族，不必走多远就可以看到。在文明程度较高之国，我们会发现，有时候，人看上去只是一具肉身，在市场上仅仅按照肉体价格被买来卖去。有时候，他唯一价值就是有用：他被当作机器，被有钱人利用而赚取更多金钱。正因如此，我们的欲望，我们的贪婪，我们对安逸的热衷，导致人之价值降至最低点。这是极大程度的自我欺骗。欲望，蒙蔽了双眼，让我们看不见人之中的真相。这是我们自己对我们自己的灵魂犯下的最大错误。它会让我们的意识麻木不仁，当然，这是逐步发展的精神自杀法。它在文明机体之中制造丑陋的毒疮，带来的是贫民窟与妓院、复仇的刑法、残酷的监狱以及有组织剥削异族的方式。这种剥削，通过剥夺异族的自治原则和自我防卫手段，达到永远伤害他们的程度。

当然，人于人而言是有用的，盖其身体就是令人惊叹的机器，其头脑就是效率令人叹服的器官。可是，他也是一种精神，唯有通过爱才能真正了解其精神。当我们以我们所期望的某个人的市场劳务价格评价他时，对其了解是不完全的。由于我们自己拥有某些残酷优势，在他身上可以得到比我们已经付给他的价钱更多的东西时，我们对他的有限认识，就会让我们不公正对待他,从而拥有得意洋洋的自我庆幸感。可是,当我们作为一种精神了解他时,我们就会如同了解我们自己一样了解他。我们会立即感到:对他残酷就是对我们自身残酷;看低他就是盗窃我们自己的人性;为追求个人利益而专门利用他,我们付出的是真理,得到的只能是金钱或者安逸。

有一天,我在恒河上乘船外出。那是一个美丽的秋日傍晚,太阳刚刚落山,寂静的天空充盈着难以言喻的静谧与美妙;浩瀚的水面没有一丝涟漪,像一面镜子,映照出落日余晖千变万化般的浮光掠影;连绵数英里的沙滩,像远古时代巨大的两栖爬行动物般躺在那里,在五彩阳光的照耀下,鳞片闪闪发光。船沿着布满鸟群巢穴的陡峭河岸默默滑行,突然有一条大鱼跃出水面,随即又消失。在它那突然消失的身影上,展示出傍晚天空的五彩缤纷颜色。顷刻间,它将这五彩缤纷帷幕拉开,幕后是一个充满生命欢乐的寂静世界。它从神秘寓所的深处走来,跳着优美舞姿,把自己的音乐融入即将消失的这一天的静谧交响乐曲之中。我感觉仿佛置身异国,它用自己的语言向我致意;它抚摸着我的心灵,闪烁着喜悦的光芒。就在这时,舵手突然以明显遗憾的声调大叫:“啊,好大一条鱼啊!”立即浮现在他眼前的,是抓住那条鱼以及晚上饱餐一顿的画面。他的欲望让他只能看见鱼而不能看见鱼之存在的全部真相。但是,人并非全然是动物。他追求精神上的视野,即探求所有真相的视野。这会让他感到最快乐,盖这可以向人类揭示人与周围环境之间存在的最深层和谐。是我们的欲望,限制自我领悟范围,阻碍意识扩展,并导致恶发生。这种恶,是造成我们与神分离、制造分裂并让我们变得专横傲慢的最深处障碍。恶,不仅仅是一种行为,而且是一种生活态度。它想当然地认为:我们的目标是有限的;我们的自我是终极真理;我们本质上不是统一的,而是为各自的孤立存在而存在的。

因此,我重申,除非对人类怀有爱,否则,我们永远不可能真正认识人类。判断与评价文明程度,依据的不是人类已经获取的力量,而是人类通过法律和制度已经发展和体现的人性之爱。人类必须回答的第一个问题和最后一个问题都是:人是否以及在多大程度上把人类视为一种精神而不是一架机器?每当某一古代文明走向衰落乃至灭亡时,皆因为人们内心已经麻木不仁,皆因为已经贬低了人之价值。当某个国家或者权势集团可以只把人民视为其权力工具时,当弱势民族被迫为奴并受到各种手段的压制时,人类就破坏了伟大、自由与公平的根基。文明,永远不可能支持任何形式的人吃人制度,盖人类只有得到爱与正义的滋养,才是真实的。

人类如此,宇宙也如此。透过欲望的面纱观察世界,看到的是渺小而狭隘的世界,无法认识其全部真相。当然,世界是为我们服务的,而且满足着我们的需求。这是显而易见的。但是,我们与世界的关系,不仅仅如此。除这种需求外,我们与世界存在更深刻更真实的关系。我们的灵魂,被它所吸引。我们的生命之爱,实际上就是我们希望继续保持与这个伟大世界的联系的愿望。这种联系,就是一种爱。我们感到高兴,我们处于宇宙之中;我们与宇宙之间存在无数丝线,从地球一直延伸至日月星辰。人类愚蠢地企图通过幻想与其所称的物质世界的彻底分离而证明人具有优越性。在这种盲目而狂热的幻想中,人类有时会趋于完全无知的地步,甚至把宇宙视为人类最可怕的敌人。不过,人类获取知识的进展越大,就会越来越难以制造这种分离,他在自己周围设置的虚幻界限就会一一消失。每当我们通过赋予我们人类拥有让人类自己与周围环境分离的权利而失去绝对不同的印记时,它就会让我们蒙受耻辱的冲击。但是,我们不得不忍受这一点。倘若我们在自我领悟道路上,为制造分裂与不和而竖起傲慢之旗,这面旗帜就迟早必定会被真理的车轮碾得粉碎。不,我们不会背上丑陋的优越感的包袱,那种孤单唐突的分离毫无意义。生活在比我们高贵的灵魂不知渺小多少倍的世界,对我们而言,完全是堕落。这就犹如从出生至死亡,日日夜夜都困于奴隶服侍之中,那是令人厌恶的堕落。与此相反,这个世界,是我们的伙伴,而且与我们融为一体。

随着科学发展进步,我们会越来越清晰认识世界的整体性以及我们与世界的统一性。当这种统一的完美观念不只是理智上的时,当它把我们整个生命融入万物闪耀的意识之中时,它就会成为赏心悦目的喜悦以及无处不在的爱。我们的精神会在整个宇宙之中找到更大的自我,会充满着绝对而不朽的信念。在封闭的自我之中,它会死亡一百次,盖分离注定死亡而不可能永恒。但是,当它与万物融为一体时,不可能死亡,盖这里有其真理,有其喜悦。人在灵魂之中感受到整个宇宙灵魂生命的颤动韵律时,就是自由的。接着,他就会参加一场神秘的婚礼。在这个婚礼上,美丽的宇宙新娘披着多彩的“有限”面纱;新郎,是最高灵魂,穿着洁白礼服。此时,他会明白,他是这场盛大的爱之盛典的参与者,是这场不朽宴席的贵宾。此时,他会懂得先知诗人所唱诵的如下赞歌的含义:“宇宙从爱而生,依爱而存,趋爱而动,入爱而终。”

在爱中,现存的一切矛盾,都会弥合,都会消失。唯有在爱中,统一性与二重性才不会发生冲突。爱,必定同时是一元的和二元的。

唯有爱，是运动与静止的统一体。我们的心，一直在变换位置，直至找到爱，才会静止。但是，这个静止本身，是活动的强烈表现形式，是绝对静止与不断运动在爱的同一点上的汇合。

在爱中，得与失是和谐的。在它的收支表上，贷方与借方的账目处于同一栏内，所得礼物属于收入。在万物的盛宴中，在神的自我牺牲的伟大仪式中，爱人在不断地舍去自我而又在爱之中获得自我。事实上，爱就是把抛弃与接受这两种行为糅合在一起，使之不可分离。

爱有两极。在一极，是个人；在另一极，是非个人。在一极，你会断然宣称，这就是我；在另一极，你会断然否认，这不是我。倘若没有这个自我，何谓爱？倘若只有这个自我，如何爱？

自由与束缚，在爱中并非对立的，盖爱是最自由的又是最受束缚的。倘若神是绝对自由的，就不会有万物之创造。无限之物是把自己作为有限之神秘而予以呈现的。在爱的无限之中，有限与无限是一体的。

与此类似，谈论自由与不自由的相对价值，也只不过是文字游戏。我们渴望的不只是自由，还有束缚。爱之崇高职能，乃欢迎一切限制并超越它们。没有任何东西比爱更具有独立性，也不可能在别的什么地方找到像爱这样具有如此之多的依赖性。在爱之中，束缚与自由，同样光辉灿烂。

毗湿奴教大胆宣称：神把自身与人合一，此乃人类最大荣耀。在有限的奇妙韵律之中，神每走一步都让自身接受束缚，从而可以在最完美的美之抒情诗中吐露爱。美，是他对我们内心的追求，别无他意。它告诉我们，无论何处，力量炫耀，都不是创造的最终意义；哪里有一点色彩，哪里有一段曲调，哪里有一种优美形式，哪里就会呼唤我们的爱。饥饿强迫我们服从其命令，但对人类而言,它不是决定性命令。曾经有人故意违抗其命令而借此表明,人之灵魂不受欲望压迫和痛苦威胁之支配。事实上,作为人,每天都不得不抵御着种种需求。无论是大人物还是小人物,皆如此。但是,另一方面,这个世界存在一种美,它永远不会侵害我们的自由,永远不会竖起哪怕是一根小指头而强迫我们接受其统治。我们可以完全无视其存在而不受任何惩罚。它是感召我们,而不是命令我们。它寻求我们的爱,而爱永远不可能通过强制而拥有。强制,对人类而言,确实不具有决定性吸引力,而喜悦才具有。喜悦无处不在:在绿草如茵的大地上,在蔚蓝宁静的天空中,在花团锦簇的春天里,在严寒冰封的冬天里,在激发我们身体活力的鲜活肌肤中,在优美、高贵、正直的完美姿势中,在我们的生活中,在我们一切权力的行使中,在知识的获取中,在与邪恶的斗争中,在我们一直渴望却永远无法分享的收获中。喜悦,无处不在,却又多余而不必要,不仅如此,还常常与最专横的需求命令发生冲突。其存在可以证明,规律的约束,唯有通过爱才能解释。它们就像肉体与灵魂。喜悦,是统一性真理的领悟,是我们灵魂与世界以及世界灵魂与最高爱人融为一体的实现。

第六章　行动之悟

唯有明白欢乐乃通过规律予以体现者,才能学会超越规律。在他们看来,不是规律不复存在,而是规律已经成为自由化身。自由的灵魂以接受束缚为乐,不想逃避任何束缚,盖在束缚之中,感受的是无限能量的展示,而这种无限能量的欢乐就在于创造。

事实上,哪里没有束缚,哪里就会有疯狂放纵。此时,灵魂就不再自由,就会受伤,就会从无限之中分离出来,就会尝到罪恶导致的极度痛苦。灵魂每当经受不住诱惑而远离规律束缚时,就会像被人从母亲怀抱中夺走的孩子大声哭叫"别打我"一样,会恳求:"请抱着我吧！让那些规律抱着我吧！请抱着我的身心吧！请把我紧紧抱住吧！请让我在那些规律的紧紧拥抱中与那些欢乐融为一体吧！请紧紧抱住我,让我摆脱罪恶的致命放纵吧!"

正如有些人认为规律是欢乐的对立面,从

而误将陶醉当作欢乐一样,在我们国家,也有许多人把行动误解为是与自由相对立的。他们认为,物质层面的活动是对灵魂之自由精神的约束。但是,必须记住,正如欢乐在规律中体现自身一样,灵魂也是在行动中找到自由的。欢乐无法在自身之中体现,因此,渴望外在规律体现自己。与此类似,由于无法在自身之中找到自由,灵魂就渴望外在行动。人之灵魂,就是通过自身活动不断摆脱自身束缚从而获得自由的,否则,不可能自觉地完成任何工作。

人作出的行动越多,而且使自身潜在的东西越多地变为现实,就会越接近遥远的未来的自己。在这个现实化的过程中,人一直在越来越多地实现自身并使自身更为突出,从而在各种活动中、在社会中、在国家中,清晰地看到自身日新月异的面貌。正是这种视野,让人迈向自由。

自由,不在黑暗之中,也不在蒙昧之中。没有比蒙昧之束缚更可怕的束缚。种子努力发芽,花蕾努力开花,就是为了摆脱这种蒙昧。我们心灵中的观念不断寻找外化机会,就是为了摆脱这种蒙昧的困境。我们的灵魂也一样,为了冲出混沌的迷雾而走向光明,不断为自己拓展全新的活动领域,一直忙于设计崭新的活动形式,甚至设计一些其世俗生活并不需要的活动形式。为什么?它渴望自由,渴望认识自己,渴望实现自己。

当人砍倒瘟疫般的丛林而为自己建造花园时,他从丑陋困境之中解放出来的美,就是他自己的灵魂之美。不在外部给予美自由,他就无法找到内心的自由。当他在无序社会之中种下规律与秩序时,他从恶的障碍下解放出来的善,就是他自己的灵魂之善。不在外部给予善自由,他就无法找到内心的自由。因此,人就是不断地在自己的行动中释放力、美、善及其真正灵魂的。在这方面,人做得越成功,就越能认识更伟大的自身,对自我的了解范围就会越广。

《奥义书》曰:“唯有在行动之中,人才希望活一百年。”[1]这正是已经充分体验灵魂喜悦之人的格言。充分证悟灵魂之人,永远不会以悲哀语调谈论人生的悲伤或者行动的束缚。他们不会像那些孱弱的花朵,茎梗如此细小,尚未结果就已凋零。他们会竭尽全力顽强生存,并且放言:“果实不成熟,就绝对不凋谢!”他们愉悦地渴望,在生活中在工作中顽强表现自身。痛苦与悲伤,无法让他们灰心丧气;他们不会因自身心灵的重负而向尘埃低头认输。他们像凯旋的英雄,昂首阔步向前,欢笑着,悲伤着,不断为灵魂增光添彩,进而认识自身并展现自身。他们生命之中的欢乐,与宇宙之中建设与破坏兼而有之的能量之欢乐,协调同步。阳光的欢乐,自由空气的欢乐,与他们生命之中的欢乐,融为一体,内外都充满甜蜜和谐的旋律。因此,他们会说:“唯有在行动之中,人才希望活一百年。”

这种生命的欢乐,这种工作的欢乐,在人之内心绝对真实。说什么那是幻觉,说什么不抛弃欢乐就无法走上自我证悟之路,完全是一派胡言。企图脱离行动世界而证悟无限,永远不会有丝毫益处。

认为人类被迫采取行动的说法,不符合事实。倘若存在被迫的一面,那也存在情愿的一面,盖人一方面受欲望驱使而采取行动,另一方面急于使本性完美而采取行动。随着人类文明发展进步,人类会增加其义务以及为自己而自愿承担的创造工作,原因就在这里。有人会认为,大自然已经让人类忙得团团转,实

〔1〕 详见《伊莎奥义书》。

际上就是让人类在饥渴的鞭笞下劳作至死。但是,事实并非如此,人类不会满足于此,他不会满足于像禽兽一样只做大自然要求他做的工作。他的需求,必定要求超越一切,甚至在行动上也是如此。没有任何一种生物会像人类那样辛勤工作。他必须要在社会中为自己开创广阔的活动领域。在这个领域,他得不断地从事摧毁与建设工作,不断地制定与废除法律,不断地积聚物质财富,不断地进行思索,不断地进行探索与忍受痛苦。在这个领域,他经历过最残酷的战斗,不断地获取新生,曾经死得光荣,不但没有逃避种种困难,而且不断地挑起新的重担。他已发现如下真理:在周围环境禁锢下,他不完美;他比当下的自己更伟大;止步不前或许安逸,但生命停滞会破坏其真正的作用及其存在的真正价值。

人类无法忍受这种巨大的毁灭,因此,为了超越当下的自己而取得辉煌,为了成就尚未成就的未来的自己,人类愿意辛勤劳作,愿意受苦受累。人类的荣光,就在于此,盖他知道,他寻求的,不是限制自己的活动范围,而是不断地扩展自己的活动范围。有时,他会流浪远方,感觉自己的工作无甚意义;有时,他会来回奔波,制造出可怕的具有不同中心的旋涡——例如,自私自利的旋涡、权力傲慢的旋涡。然而,只要潮流的力量没有丧失,就没有什么好担心的,盖人类活动之中的障碍物以及堆积物都会被驱散和卷走,它自身的动力可以纠正自己的错误。唯有灵魂处于休眠状态时,它的敌人才会获得压倒一切的力量,那些障碍物才会把河道阻塞得难以让河流穿过。因此,我们的导师告诫:为了工作,就必须活着;为了活着,就必须工作。总之,生命与行动密不可分。

生命的真正特征,就是它在内部是不完美的,它必须显现出来。生命的真理,在于内外之间的交流。为了生存,身体必须与外界的阳光和空气保持各种联系。这不仅是为了获得生命力,而且是为了显现生命力。想想吧,在内部,身体的活动多么繁忙:心跳,一秒也不得停顿;胃、大脑,必须不停地运转。不仅如此,在外部,身体的活动也一直永不停歇。生命促使它在外界无休无止地在工作与嬉戏中舞动。它不满足于其内部组织的循环,唯有在外部的远足旅途之中,才能找到欢乐的满足感。

灵魂,也如此,无法生活于自身内部的感觉与想象中,一直需要外在目标。这不仅是为了哺育内在意识,而且是为了让自身付诸行动;这不仅是为了收获,而且是为了付出。

倘若把真理一分为二,就无法生存。这是千真万确的。我们的身心,无论内外,都必须驻足于真理之中。无论在哪一方面拒绝真理,我们都是自欺欺人,都将遭受损失。"梵没有抛弃我,我也不会抛弃梵。"[2]倘若说,仅仅通过内观就可以证悟梵,而不必在外部活动中理会梵;倘若说,通过内心之爱就可以享受梵,而不必通过外部祭拜活动朝拜梵;或者倘若说,反之而言,总之,在生命探索旅程上,倘若只重视我们自身的某一方面而轻视另一方面,我们就会跌跌撞撞地走向失败。

在伟大的西方大陆,我们看到,人之灵魂主要向外扩展自身,其权力展示的外在领域就是它的活动领域。他们偏爱的,就是全身心地拓展外部世界的活动领域,根本不会考虑完美的内心意识的活动领域。不,他们几乎不相信存在这么一种活动领域!他们甚至认为,在任何时候,在任何地方,都不存在这种完美之物。西方科学一直认为,世界进化发展永无止境;西方哲学

---

〔2〕 详见《沙摩吠陀》。

如今也开始讨论神本身的进化发展问题。他们不会承认神之存在,但会认为神正在形成之中。

他们未能认识到:无限,总是比任何可以指出的界限更大,而且是完美的;梵,一方面在进化发展,另一方面又是完美的;梵,一方面就是本质,另一方面就是显现。上述两方面同时并存,就像歌曲与唱歌并存一样。但是,西方人的观点,就像只承认有唱歌行为而无视唱歌者的意识一样,就像只承认唱歌行为而认为不存在歌曲一样。毫无疑问,直接感知的,是唱歌的行为;在任何时候,直接感知的,都不是整首歌曲。但是,难道我们不是一直都明白,完整的一首歌曲存在于唱歌者的灵魂之中吗?

正是由于西方人强调行动与变化,我们觉得西方人陶醉于权力之中。他们似乎决意依靠强力,掠夺与掌控一切。他们会永远固执地采取行动,但他们永远无法得到提升——他们不会允许计划中的事物自然死亡——他们不懂完美之美。

在我们国家,危险来自相反方向。我们偏爱的,是内心世界。我们会轻蔑地抛弃权力与扩张。我们愿意只凭借冥想而证悟梵之完美,我们决意不会凭借与宇宙的交流而证悟梵之进化发展。这就是为什么常常会在印度的探索者中,发现陶醉于精神而且随其堕落之人的原因。他们的信念,会不承认规律的束缚;他们的想象力,会无拘无束地翱翔;他们的行为,会鄙视对原因作出任何解释。他们的理智,枉费心机地企图见到与创造行为密不可分的梵,却让理智本身化为枯石;他们的心灵,企图将梵禁锢于梵之自我流露的感情之中,却迷失于放荡销魂的狂喜之中。由于无视规律的束缚和在外部世界行动的要求,他们甚至丧失了人类保持力量与品质的任何判断标准。

但是,真正的精神,就像我们的圣典所教导的,在内外方面,在力量上，都冷静地保持均衡。真理，拥有其规律，拥有其欢乐。一方面，它唱到："火，由于畏惧它而燃烧。"另一方面，它又唱到："万物，由于欢乐而得以创造。"倘若不服从规律，就无法获得自由，盖梵一方面受其真理束缚，另一方面在欢乐中获得自由。

就我们自己而言，唯有完全服从真理的约束，才能获得自由带来的欢乐。为什么？这犹如绑在琴上的弦，当琴弦真正被拉紧而且束缚的力量没有一丝一毫松懈时，才能产生曲调；在优美旋律之中得以超越自身的弦，才能在每一个音符之中都找到真正的自由。这正是因为，一方面受到严格规则约束，另一方面才能在音乐之中找到这种自由。但是，当琴弦没有真正拉紧时，实际上就只是束缚，而且即使放松一下这种束缚，也无法找到通向自由之路。要完全获得自由，唯有把琴弦束缚得紧一些再紧一些，直至能够发出正确音调为止。

人类职责的高低弦，只要我们无法按照真理法则将其不折不扣地调好音，就只能是束缚；倘若把它们放松而陷于不活动的毫无意义的状态，就无法称之为自由。这就是我为什么会说，探求真理、达摩的真正奋斗，不在于无视行动，而在于努力使之越来越接近永恒和谐。这种奋斗的金科玉律，就是："无论做什么，都要将它们奉献于梵。"就是说，灵魂是通过自己的一切活动而把自身奉献于梵的。这种奉献，是灵魂之歌。灵魂自由，就在这种奉献之中。当一切工作都成为走向与梵结合之路时，当灵魂停止不断返回自己的欲望时，当自我奉献越来越强烈时，欢乐就会主宰一切。此时此际，就会有完美，就会有自由；在这个世界上，神之王国就会降临。

是谁坐在那个角落里，嘲笑人类在行动中的这种伟大自我表现,嘲笑这种不息的自我奉献?是谁在那里认为,神与人的结合,是人类想象的、与世隔绝的享乐,而且这种享乐,只能在远离全人类历经无数世纪在风吹日晒下辛勤耕耘而建造的、高耸入云的、体现伟大人性的寺庙之中,才能找到?是谁在那里认为,这种与世隔绝的交往,是信仰的最高形式?

啊,那神情恍惚的流浪者,那游历四方的托钵僧,畅饮着自我陶醉的美酒,难道你没听到人类灵魂沿着穿越人性广阔田野之路而前进的歌声吗?难道没听到它那注定要摆脱阻止其向宇宙扩展之束缚的成功车轮滚滚向前的轰鸣声吗?胜利的旗帜在天空中迎风招展,高山断裂为其让路。混沌模糊的种种物质,面对锐不可当的脚步声,就像日出前的迷雾,会化为乌有。痛苦、疾病、混乱,在其进军前,统统都在步步退缩;无知的障碍,正被抛在一边;盲目的黑暗,正被穿透;看啊,那富裕与健康、诗歌与艺术、知识与正义的希望之地,正逐渐展现于眼前。你无精打采时,是不是想问:那辆沿着伟大历史进程前进而且凯旋之声地动山摇的人类之车,难道没有驾驭者把它引向完美之地?那是谁,拒绝响应神之号召,加入那凯旋前进的队伍?那是谁,这么愚蠢,逃离欢快的人群,到无精打采的倦怠中去寻找神?那是谁,沉溺虚假之中,竟敢宣称:伟大的人类世界,不断发展的人类文明,人类跨越痛苦深渊、经历极度欢喜、克服无数内外障碍、朝着胜利赢得权力之目标而取得的永恒成果,这一切的一切,皆为虚假?那认为这一巨大成就乃莫大骗局之人,能真正相信真理之神吗?那认为逃离这个世界就可以证悟神之人,意欲在何时何地与神相会?这种人,究竟能逃多远?他会不会逃啊逃,直至遁入虚无之境?不,那意欲逃跑的懦夫,无论在哪里也无法找到神。我们必须大胆地断言,此时此地,我们正在接近神;我们必须大胆地确信，正如我们就在我们的行动之中证悟着我们自己一样，我们就在我们自己身上证悟着自我之自我的他；我们必须有权断定，通过努力，我们可以将一切障碍、一切混乱、一切不睦，从行动之路上坚定地予以扫除；我们必须大胆地声言："我的欢乐寓于我的工作之中，我的欢乐的欢乐寓于该欢乐之中。"

《奥义书》把谁称为"知梵至知者"？这个至知者，就是"其欢乐与活动寓于梵中之人，即在梵中积极行动之人。"[3]没有欢乐行动的欢乐，不是欢乐；没有行动的活动，也不是活动。行动是欢乐的活动。在梵之中有欢乐之人，如何能够无所作为地生活？倘若不必有所作为，梵之欢乐如何形成？如何体现？这就是为什么知梵而且欢乐寓于梵者，也必须在梵之中实施一切行为——吃喝、谋生、行善。诚如寓于诗的诗人之乐、寓于艺术作品的艺术家之乐、寓于勇气表现的勇者之乐、寓于真理洞察的智者之乐，都是通过各自活动寻求体现一样，知梵者之乐，就是在每日大大小小的活动之中，就是在真、善、美以及秩序之中，寻找着无限之表现。

梵本身也是通过同样方式体现其欢乐的。"他通过延伸到四面八方的各种活动，满足其不同创造物的固有需求。"[4]那种固有需求，就是梵自身的需求，因此，梵是通过多种方法多种形式显现自己的。他工作着，盖不工作就无法显现自身。梵之欢乐，就是在名为创造的奉献之中奉献自己。

我们自身的真正意义，就在于此；我们与我们的父亲即梵相似之处，也在于此。我们也必须通过怀有各种目标的各方面的

〔3〕 详见《蒙达迦奥义书》Ⅲ。
〔4〕 详见《白骡奥义书》Ⅳ。

活动奉献自身。在吠陀之中,梵称为"自身赐予者、力量赐予者。"[5]他不但不满足于将他本身赐予我们,而且赐予我们力量,让我们也可以这样给予我们自身力量。这就是为什么《奥义书》中的先知们会向满足我们需求的神,作出如下祈祷:"愿您赐予我们行善之心。""愿他通过赐予我们行善之心而满足我们最大限度的需求。"[6]就是说,神只是消除我们的欲望,是不够的。他还应赐予我们与神一起工作、一起行善的愿望和力量。唯有如此,我们才能真正与神融为一体。行善之心,就是指将他人自我的需求作为我们自我的固有需求展示给我们;就是指把寓于人类诸多权力的各种目标之中的我们的欢乐展示出来。在行善之心引导下工作时,我们的行动,是有秩序的,而不是机械的;我们的行动,是在灵魂满足的激励下作出的,而不是在欲望驱使下作出的。这样的行动,不再是盲目的从众行为,不再是懦弱地追赶潮流的行为。在这种行动之中,我们开始证悟到:"神,寓于宇宙之始,寓于宇宙之终。"[7]我们也同样可以证悟到:神,是我们自身工作的灵感与源泉,是我们工作的目标,因此,我们的一切活动,都浸润着宁静、仁慈和欢乐。

《奥义书》曰:"知识、力量与行动,乃神之本性。"正是这种本性不是我们与生俱来的,才导致我们习惯把工作与欢乐分开;正是我们的工作日不是我们的欢乐日,才导致我们需要节假日;正是我们在工作中无法找到我们的节假日,才导致我们不幸。河流,是在向前奔流过程中找到节假日的;大火,是在熊熊燃烧的火焰中找到节假日的;花香,是在芬芳弥漫中找到节假日的。

---

〔5〕 详见《尼理心诃奥义书》Ⅱ。
〔6〕 详见《白骡奥义书》Ⅲ。
〔7〕 详见《白骡奥义书》Ⅳ。

但是，在我们每天的工作之中，却不存在这样的节假日，盖我们没有释放自己，我们没有愉快地全身心地投入工作，导致我们的工作压倒了我们。

您这自身赐予者啊，请在您那欢乐场景中，让我们的灵魂，像烈火一样为您燃烧起来，像河流一样朝您奔流而去，像花香一样弥漫您全身吧！愿您赐予我们爱的力量，让我们在乐与苦中、在得与失中、在兴与衰中，充分热爱我们的生活吧！让我们拥有足够力量，充分感受您那宇宙，精神饱满地工作吧！让我们完美地过上您赐予我们的生活吧！让我们勇敢地取与舍吧！这就是我们向您作出的祈求。让我们彻底清除头脑中虚无缥缈的幻想吧：这种幻想认为，可以把您的欢乐与行动分割开来，您的欢乐是浅薄的、空洞的、无法持久的。其实，无论在哪里，只要农民在坚实的土地上耕种，您的欢乐就会从绿色的农作物里涌现；无论在哪里，只要人类清除杂乱的树木，铲平坚硬的大地，为自己清理出一片家园，您的欢乐就会在宁静与秩序之中显现。

啊，宇宙的劳动者，我们祈求您，让宇宙能量那锐不可当的潮流，像春天的南风一样猛烈地袭来吧！让它迅猛地越过人生那广阔的田野吧！让它带来诸多花朵的芬芳和众多森林的低语吧！让它将我们干枯而毫无生气的灵魂生命，变得甜美、变得响亮吧！让我们觉醒的崭新力量，在绿叶、花朵和果实之中大声呼唤无限成就吧！

第七章　美之悟

不能从中得到欢乐的，要么是我们不惜代价意欲摆脱的心灵负担；要么是因有用而与我们存在某种临时联系，但倘若失去效用就会成为累赘的东西；要么是像到处晃荡的流浪者一样，在我们认识范围边缘徘徊片刻即消失的东西。唯有带来欢乐之物，才完全属于我们自己。

这个世界的大部分东西，于我们而言，似乎什么都不是。但是，我们不能容许这种状况持续下去，盖这样会贬低我们自己。整个世界都赐予了我们，因此，我们的一切力量，对于凭借这一切力量我们必定要占有祖产的信念而言，具有决定性意义。

可是，在意识扩展过程中，美感起什么作用？难道是把真理分拆为强光与阴影，并把美与丑不加区分地带给我们？倘若如此，我们就会不得不承认，这种美感在我们的宇宙之中制造了冲突，并在把每件事物引向万物的交通要道上竖起了一道阻碍之墙。

然而,不可能出现那种情形。只要认识是不完全的,在已知与未知、愉悦与不愉悦之间,必定存在分界线。不论某些哲学家有何论断,人不可能接受对其可知世界的任何武断而绝对的限定。人类科学,每天都在探索之前标明尚未勘探或者不可勘探的区域。我们的美感,也在忙于一直在推进的探索。真理无处不在,因此,任何事物都是我们认识的对象。美无所不在,因此,任何事物都可以给予我们欢乐。

人类历史早期,人把任何事物都视为生命现象。人类的生命科学,就是对有无生命作出明显区分而起步的。随着生命科学越来越深入的发展,有无生命的分界线越来越模糊。在认识之初,这种明显的对比分界线对我们有所帮助,可是,随着认识变得更为清晰,它们逐渐消失。

《奥义书》指出,万事万物皆由无限欢乐创造与维持的。要认识这一创造原理,就必须从区分开始起步,从区分美与不美开始起步。美之领悟,不得不采取用力击打我们的手段,将我们的意识从原始昏睡之中唤醒,并通过对比的催促而达到目的。因此,我们与美的初次相识,就在于她那色彩缤纷的装扮——吸引我们的,是它那斑斑驳驳的线条,是它那各种各样的羽毛,还有它那毁损的容颜。但是,随着认识美的深化,那些明显的不和谐之音,就会转化为抑扬顿挫的韵律。我们起初是把美与其周围环境相剥离的,是把它与其他一切相分开的。但是,我们最终会领悟,它与万物是和谐的。此时,美之音乐再也不必用喧嚣的噪音刺激我们,会放弃暴力而以“温顺谦恭者继受土地”的真理吸引我们的心灵。

在我们成长的某个阶段,在我们历史发展的某个时期,我们试图建立起对美的特殊崇拜,把美局限在狭小的范围内,目的是让美成为千里挑一的骄傲。此时,美就会养育于信徒们的矫情与夸张之中,就像印度文明衰落时期婆罗门的做派一样:彼时,对更高真理的洞见在消减,迷信之风不受抑制地滋长。

美学史上,也曾有过解放时期:不管是在伟大还是平凡之物中,人们都能够轻而易举地发现美;在普通之物朴实无华的和谐中,比在特别之物的怪异中,能够发现更多的美。因此,在表现美时,我们必定要经历审美反叛阶段。在这个阶段,我们努力避开任何看上去明显令人赏心悦目并得到传统习惯欣赏之物;我们受到诱惑,夸大平凡之物的平凡性,从而让它们显得极其不平凡。制造冲突是为了恢复和谐,这是一切反叛的特征。在当代,我们已经明白这一审美反叛特点。这表明,人类终于认识到,将美学意识领域截然分为美与丑的,唯有狭隘的认识。当人明白要摆脱自我利益和顽固追求的感官欲望来看待事物时,才能拥有真正的"美是无处不在"的见解,才能领悟到:在我们看来不愉快的事物,并非一定就是不美,而是在真实存在之中的美。

当我们说"美是无处不在"时,并非说要把我们的语言之中的"丑"这个词予以废除。倘若如此,就会像说"世上没有虚假这种东西"一样荒谬。虚假无疑存在,但不存在于宇宙体系之中,而是作为消极因素存在于我们的理解能力之中。同样地,在生活中、在艺术中,丑存在于美的扭曲表现之中,盖因我们未能完全领悟真理。就像在一定程度上,我们会让自身生命与存在于我们内心以及万物之中的真理法则相对抗一样,我们同样会与无处不在而永恒的和谐法则相对抗并催生丑。

凭借我们的真实感,可以领悟万物之中的规律;凭借我们的美感,可以领悟宇宙之中的和谐。当认识大自然之中的规律时,就可以增强驾驭自然界的能力而变得强大；当认识我们的精神本质之中的规律时，就可以获得驾驭自我的力量而变得自由。同样地，对物质世界的和谐理解得越充分，生命分享的创造之乐就越多，在艺术之中表现的美就会更为真正普遍。在意识到我们灵魂之中的和谐时，对宇宙精神之喜悦的理解就会变得普遍；在我们生活之中的美的表现，就会在善与爱中朝着无限前进。这是我们生命的最终目的，因此，应当永远明白“美就是真，真就是美”；应当在爱中认识整个世界，盖爱让它产生、存在并让它回到爱之怀抱；应当让心灵得到彻底解放，盖心灵赐予我们力量，让我们立于万物的最核心位置，让我们体验到属于梵的无私欢乐带来的满足感。

音乐，在形式和精神上是统一的和单一的，极少受到外界事物的干扰，是最纯粹的艺术形式，因而是美最直接的表现形式。我们似乎感觉到，在万物有限形式之中的无限体现，就是音乐本身，寂静无声而又清晰可见。夜晚的天空，不知疲倦地重现着闪闪的星际，似乎像孩童一样，惊叹自己第一次发声的神秘，口齿不清地一遍又一遍重复着同一语词，以无尽的欢乐听着这一声音。在七月多雨之夜，厚厚的黑暗覆盖着草原，嘀嘀嗒嗒的雨声给寂静沉睡的大地拉上了一层又一层的帷幕，这单调的嘀嗒雨声似乎就是黑暗之声本身。浓密、昏暗的树影，朦朦胧胧；长满荆棘的灌木丛，稀稀疏疏散落在光秃秃的荒野上，好像满头湿发的游泳者浮在水面的脑袋；湿漉漉的青草和湿淋淋的大地，散发着气味；寺庙的塔尖，耸立于模糊不清的团团黑暗包围的乡间小屋之上。这一切的一切，都好像是从夜晚的心脏之中跃出的音符，交织在一起，消失于洒满天空的没完没了的单调的雨声之中。

所以说,真正的诗人,就是先知,寻求的就是用音乐形式表现宇宙。

他们很少利用绘画符号,表现种种形式的展现、无数线条色彩每时每刻呈现在蓝天画布上的融合。

他们这么做,自有其理,盖绘画之人必得拥有画布、画笔和颜料盒。他画的第一笔远远无法表达其完整的思想,而且当作品完成时,艺术家就会离开,画框中的画就会孤零零地放在一边,创造之手绵绵不绝的爱之笔触就会撤走。

但是,歌手却在内心拥有一切。从其生命之中迸发的音符,并非从外界收集之物。其思想,其表达形式,犹如兄弟姐妹,而且常常是孪生的一对。在音乐之中,内心可以立刻得到展现,不受任何外界之物的阻碍。

因此,虽然音乐像其他艺术形式一样亟待完善,但是,其每一步都展现整体之美。由于借以表现的物质甚至语言本身就是障碍,其意义必须由思想予以建构。但是,音乐永远不会依赖任何明显的意义,它表达的东西无法用任何语言予以表达。

更重要的是,音乐与音乐家密不可分。歌手逝世后,歌声随之消逝;歌声与主人的生命与欢乐,永远融为一体。

宇宙之歌与其歌手,永远不会有须臾的分离。它不会被任何外在材料改变。是歌手的欢乐本身,采取永无止境的形式;是伟大的心灵,迸发出震撼苍穹的激情。

音乐的每一段曲调,都是完美的,都是在不完全之中展现完全的。它的任何一个音符,都不是决定性的,然而却体现出无限。

倘若无法得出这一伟大和谐的确切含义,何妨?它会不会像手触及琴弦一样,在下手弹奏的一刹那,就立即引出全部音调？从宇宙心灵直抵我们心灵的，是美之语言，是爱抚。

昨夜，在寂静弥漫的黑暗之中，我茕然独立，倾听着歌手歌唱的永恒旋律。入睡时，我闭上双眼，脑中最后想的是：即使我在熟睡之中毫无意识，可是，生命之舞，依旧会在我沉睡身体的这个寂静舞台上继续进行，与日月星辰保持同步。这时，心脏依然在跳动；血液依然在血管中跳跃着流动着；我身体中的数百万个生机勃勃的原子，依然会随着因主人拨动琴弦而激动地发出的音调而颤动着。

第八章　无限之悟

《奥义书》曰："人，倘若此生证悟神，乃真实之人；倘若不能，乃最大不幸。"

可是，神之证悟本质是什么？很显然，无限并不像众多事物的某事物一样，可以明确分门别类并作为财产持有，可以在政治、战争、社会竞争或者商业活动中作为特别有利我们的同盟者而加以利用。我们无法把神与避暑别墅、小车或者银行存款等列入同一清单，尽管有许多人似乎都想这样做。

我们必须努力弄明白，人之灵魂渴望其神时，其愿望所具有的真正性质究竟是什么。是不是包含了希望多多少少能够增加其财富的性质？显然不是。这是无休无止的、令人厌烦的、不断增加我们仓储的任务。事实上，灵魂追求神时，所追求的，是最终摆脱这没完没了的不断聚敛与积累财富的行为。所追求的，不是再次增加财富，而是万物变化之中的永恒，是与万物之乐相统一的最高永恒之乐。因此,《奥义书》要求在梵中领悟万物教导,并非要求我们追求额外之物,也并非要求我们制造什么新东西。

"要认识神所包围的宇宙万物,要享受神赐予的一切,不得有贪图他人财产之心。"[1]

认识到无论何物都充盈着神、无论拥有什么都是神之礼物时,就领悟了有限之中的无限以及礼物之中的赐予者。那时,就认识到,现实之中一切事实的唯一意义,就是展示唯一的真理;你的一切财物对你具有唯一的意义。这种意义,不在它们自身之中,而在它们与无限建立的联系之中。

因此,不能说可以像找到其他东西一样找到梵。这是因为,在寻找梵的过程中,不存在一物优先于另一物、一地取代另一地的问题。不必跑到杂货店去看晨曦,只要睁开眼睛就可以看到晨曦,所以,只要奉献自我就可以发现,梵无处不在。

佛陀为何告诫我们,要把我们自身从自我生命的局限之中解脱出来,原因就在这里。倘若没有任何东西可以更积极完善地与令人满意地取代自我的位置,这种告诫就绝对没有任何意义。可是,没有人能够严肃对待这一告诫,更没有人会对它抱有任何热情,并舍弃已经拥有的一切而一无所获。

所以说,每天朝拜神,实际上并不是逐渐获得神的过程,而是在善与爱中,在献身与服务中,逐日舍弃自我,排除障碍,认识神并与其结合的过程。

《奥义书》曰:"务必完全沉迷于梵,犹如箭完全击中目标一样。"因此,要意识到生命完全被梵包围,并非是纯粹的思想集

〔1〕 详见《伊莎奥义书》I。

中行为,而必须是生命的全部目标。在一切思想和行为中,都必须意识到无限的存在。在日常生活中,让这种真理领悟变得更容易一些吧。“倘若无处不在的欢乐能量没有布满天空,任何人都无法生活或者行动。”在一切行动中,去感受这种无限能量的推动力,并且快乐起来吧!

或许有人会说,无限是无法企及的,因此,对我们而言,无限仿佛是虚无的。没错,倘若“企及”意味着任何一种“占有”观念,就不得不承认,无限是无法企及。但是,必须记住,人之最高欢乐,不在拥有而在获得,这种“得”同时是“不得”。肉体欢愉,不会给领悟之物留有任何空间。它们就像地球废弃的人造卫星,周围几乎没有什么大气层。吃东西满足饥饿感时,是一种完全的占有行为。只要饥饿问题没有得到满足,吃东西就是一种欢愉。此时,每吃一下的享受,都在触及无限。但是,当饥饿问题完全得到解决时,或者说,当吃的欲望达到不能再吃的极点时,吃东西的享受就到了终点。在一切理智的欢愉之中,余地更为广阔,界限极其遥远。在一切更为深沉的爱中,得与不得总是并驾齐驱。我们毗湿奴教有一首抒情诗,恋人向对方倾诉:“仿佛自出生起,就一直凝视着你美丽的脸庞,可是,我眼睛仍然饥渴无比;仿佛数百万年来,就一直把你紧紧拥在怀中,可是,我心仍然无法满足。”

这首诗清楚表明,在欢愉之中寻找的,实际上就是无限。发财致富的欲望,并非特定而是无限数额钱财的欲望。愉悦的那一刹那,只不过是触及永恒的一瞬间。人类生命的悲剧,就在于枉费心机,企图把事物限度扩至绝对不可能达至的无限程度——即通过给有限梯子增加梯级的荒谬做法,而达至无限。

由此可知,灵魂的真正欲望,就是超越我们的一切财富。灵魂受到她所能感触之物的围困时，就会大声呐喊："我不要已得到的，那从未得到的他究竟在哪里？"

在人类历史中，无处不可以看到，舍弃精神乃人类灵魂的最深刻存在。灵魂谈及某种东西说"我不需要它，因我在它之上"时，就道出了她内在的最高真理。女孩长大而不再需要玩具娃娃时，认识到玩具娃娃哪方面都不如她时，就会把玩具娃娃扔掉。正是通过占有这一行为，我们知道我们比占有之物更伟大。因此，把我们与比我们自身渺小之物绑在一起，完全是一场灾难。在丈夫离家前夕把财产交给她时，玛特列伊就是这种感受，问他："这些物质的东西会帮助一个人达至最高境界吗？"或许，也可以这么问："难道它们比我灵魂更重要？"她丈夫回答："它们会让你成为物质上的富人。"她立即回应："可是，我要那些东西干什么？"一个人，只有真正领悟何为财富，才不会对财富抱有更多幻想，才会明白灵魂远胜于那些东西，才可以摆脱那些东西的束缚。因此，人成熟到不再看重财富时，才真正领悟灵魂；人在永恒生命道路上的发展，是凭借一系列舍弃而获得的。

我们无法绝对拥有无限生命。这不是纯粹的理性命题。这必须经过体验，而且这种体验无比快乐。鸟儿在空中飞翔，每次拍打翅膀时体验的，是天空的无边无际，是翅膀永远不可能把它带到天际之外。鸟儿的欢乐在天空，可是，鸟笼里的天空是有限的。虽然鸟笼里的天空对于鸟儿的全部生命意义而言足矣，但是，这仅仅是满足其生理需要而已。在生理需要的范围内，鸟儿无法快乐起来。它必定认为，拥有的要远远超过它一直渴望或者领悟的东西时，才能感到快乐。

因此，我们的灵魂必须在无限之中翱翔，必定会时刻认为，最高欢乐，最终自由，就在于无法达至其成就顶端的感觉之中。

人之永恒幸福,不在于得到什么,而在于舍弃自我,追求比自身更伟大之物,追求比个体生命更伟大的信念,即爱祖国、爱人类、爱神。这些信念,让人更容易舍弃所拥有的一切,甚至包括生命。人倘若未发现能够真正索取其一切的伟大信念,即能够让其从所迷恋的财富中解脱出来的伟大信念,就会不幸而可悲。佛陀与耶稣以及其他伟大先知们,都践行了这种伟大信念。他们率先抓住了舍弃一切的机遇。当他们捧出神圣托钵时,我们就觉得不能不作出布施,而且我们发现,最真实的欢乐与解脱,就在布施之中,盖它让我们与无限结合在一起。

人,不完善而有待完善。就当下而言,人是渺小的;倘若其永远止步不前,我们心中想到的,就会是人类所能想象的最可怕的地狱。就未来而言,人是无限的;在那里,有天堂,他会得到解脱。当下的他,时刻想到的,是能够得到什么和已经得到什么;未来的他,心里渴望的,永远比能够得到的更丰富,而且是他从未占有从而永远不会失去的。

我们生命的有限之极,在生活必需品的世界中占有其一席之地。在那里,人类到处寻找维持生存的食物以及保暖的衣物。在这个领域,在这个本能的领域,获取东西是其职能。本能之人忙于扩充其占有之物。

这种获取,具有局限性,局限于人的生活必需品。我们只能在需求范围内拥有某物,正如容器能够容纳多少水,只能视其容量大小而定。我们与食物的关系,只限于吃喝;我们与房子的关系,只限于居住。某物唯有适合某种特定需求时,我们才会称之有益。因此,获取一直是部分获取,绝不可能是其他。所以说,渴望获取,专属于我们的有限自我。

但是,我们生命的另一极,其方向是朝着无限发展的,寻求的不是财富而是自由与欢乐。在那里，生活必需品的主宰地位得以结束，我们的职能不是获取而是成就。成就什么？就是与梵融为一体，盖无限领域就是统一领域。故《奥义书》曰："倘若证悟神，乃真实之人。"在这里，它在成长，而不是占有更多东西。当懂得语言词汇含义时，就不会把它们堆砌在一起，因为它们已经与思想融为一体而变得真实了。

在西方，虽然勇敢地宣布其与圣父融为一体，并劝导信徒成为像上帝那样完美之人者，已经被奉为导师，但是，他们从未接受人类与无限生命融为一体的观念。他们谴责人类意欲成为神灵的任何念头，认为此乃亵渎上帝之举。这肯定不是基督宣扬的信念，或许也不是基督教神秘主义者的信念，然而，这种信念似乎在信奉基督教的西方普遍存在。

东方的最高智慧认为，为某一物质而获取、利用神，都不是我们灵魂的职能。能够一直追求的，就是越来越与神融为一体。在多样化的自然领域，我们通过获取东西而成长；在一体化的精神领域，我们通过舍去自我而成长。如前所述，获取东西，本质上有局限，只限于某种特殊需要。但是，生命是完整的，属于我们的整体。它不是从任何生理需求之中涌出的，而是从我们与无限的密切联系之中涌出的。这种密切联系，就是我们在灵魂之中拥有的完美信念。

是的，我们必须成为梵，不应畏畏缩缩地承认这一点。我们倘若永远无法怀有领悟已经存在的至善至美的希望，存在就会毫无意义。倘若拥有的是永远无法实现的目标，那根本就不是目标。

能否说，梵与我们个体灵魂，根本不存在区别？毫无疑问，两者区别显而易见。可以把这种区别称为幻觉或者无知，或者想称什么就称什么，反正它是存在的；人们可以对这种区别作出解释，但无法通过解释而抹杀这种区别。一句话，即使幻觉本身，作为幻觉也是真实存在的。

梵就是梵，他是无限完美的化身。但是，我们并非实际上的我们，我们总归要成为真实的我们，我们总归要成为梵。在现实与未来的联系中，爱起着永恒的作用；在这神秘的深处，存在一切真与美的源泉，是这种源泉支持着创造的无限进程。

在溪流奔腾的音乐之中，响起了充满自信的欢乐之歌："我将变成大海。"这不是虚妄的自负，而是真正的谦卑，因为那是真理。河流是别无选择的。河流两岸，有不计其数的田野与森林、村庄与城镇。河流可以各种形式为它们提供服务，为它们打扫卫生，为它们提供食物，为它们把产物从这个地方搬至那个地方。但是，河流与它们只存在部分联系；河流，无论在它们之间可以逗留多久，与它们都是分离的，永远不可能成为城镇或者森林。

不过，河流能够而且已经变成大海。涓涓细流与汹涌澎湃的海水，存在密切联系。河流，在不断向前过程中历经无数目标，在抵达大海时就实现了最终目的。

河流，可以变成大海，但永远不可能让大海变成其自身的基本组成部分。倘若机缘巧合，它围起了大片宽阔水域而自称已经让汪洋大海变成它自身的一部分，我们立刻就会知道，事实并非如此，它的水流依然要在伟大的海洋之中寻求憩息，它永远不可能给汪洋大海设置任何边界。

同样地，犹如河流变成大海一样，我们的灵魂只能变成梵。灵魂，在某个节点上触及其他任何事物后，都会离开而继续前行，但永远无法离开梵并超越梵而活动。我们的灵魂，一旦领悟在梵之中的最终安息地时，一切活动就会拥有意义。正是无限平静的大海，让无穷活动具有意义；正是这种已经存在的完美，让成长的不完美具有美的性质，这在所有诗歌、戏剧和艺术之中都能找到其表现。

让诗歌充满活力的，必定是某种完整的思想；诗歌之中的每个句子，都会触及这种思想。诵读一首诗时，倘若领悟到贯穿其中的思想，就会充满欢乐。果真如此，这首诗的每一部分，就会在整体光辉的照耀下，显得光芒四射而意义非凡。但是，一首诗，倘若冗长不堪，无法表达整体思想，只是抛出一些支离破碎的映像，不管其映像多美，最终也会令读者厌倦，无法让读者从中受益。我们灵魂的进步，就像一首完美的诗歌：它拥有一种无限的思想，而且一旦证悟到这种思想，所有的活动都会充满欢乐与意义。但是，倘若把活动与根本思想相分离，倘若看不到无限静止而只看到无限运动，于我们而言，存在犹如巨大之恶，会狂暴地冲向一个无尽的不存在的目标。

我记得，在孩童时代，有位老师常常让我们背诵梵文语法书的全部内容。这本书是用符号撰写的，他也不解释这些符号的意义。我们日复一日地努力学习，但努力方向是什么，我们对此一无所知。因此，对于课程，我们站在悲观主义者的立场上。悲观主义者，仅仅看到这个世界上毫无生机的活动，无法看到完美的无限宁静之地。就是在这里，那些活动时时刻刻都在绝对适应与和谐之中达至均衡状态。由于没有领悟真理，我们就在这种悲观中失去一切欢乐。我们看到舞蹈家的舞姿，认为这些舞姿受冷酷的、随机的、专横的行为指挥，然而，却没有听到那永恒的音乐，这音乐让舞蹈中的每个姿势都必然是自发而优美的。这些舞姿一直都在融入完美的音乐之中，并与其融为一体，每一步都为这美妙的旋律奉献它们不断创造出的多彩多姿的形式。

这就是我们灵魂的真理,这就是我们灵魂的欢乐。它必须成长直至变成梵,它的一切行动都必须接受梵这个最基本思想的调整,它的一切创造物都将作为祭品奉献给最高的完美精神。

《奥义书》有一句值得注意的格言:“我并不认为:我十分了解他(神或者梵),或者我了解他,或者甚至我不了解他。”

在认识过程中,我们永远无法明白无限之存在,但是,倘若他完全超出我们所能企及的范围,对我们而言,他就绝对不存在。然而,真相就是如此:我们不了解他,可是,我们也了解他。

《奥义书》另一格言对此作出了解释:“梵之话语让我们困惑,梵之思想也让我们困惑,但是,通过梵之喜而知梵之人就会摆脱一切恐惧。”

知识具有局限,盖理性是一种工具,只是我们的组成部分。它能够为我们提供事物的信息。这些信息,可予以分类与分析;这些信息的特点,可以逐项予以分门别类。然而,梵是完整的,局部知识永远不会是梵之知识。

不过,可以凭借欢乐,可以凭借爱,证悟梵。这是因为,欢乐是完整意义上的知识,是我们整个生命所得到的知识。理性将我们与需要认知之物分开,爱是通过融合而了解其对象。后面这种知识,是直接的,是不容置疑的,这就如同了解我们自身一样,而且只会比了解自身更深刻。

因此,正如《奥义书》所说:理智永远无法证悟梵,语言永远无法描述梵;只能通过我们的灵魂、我们灵魂的梵之喜、通过我们灵魂的梵之爱,证悟梵。或者换言之,只能凭借结合——我们整个生命与梵的结合——才能与梵取得联系。总之,我们必须与我们的圣父融为一体,我们必须像他一样完美。

可是，如何才能到达那一步呢？在无限完美之中，不可能存在等级。我们不可能一级一级地逐渐成长为梵。梵是绝对之神，在梵中不可能存在多少的问题。

的确，在我们内在的个体灵魂之中的帕拉玛特玛，即最高灵魂的证悟，处于绝对完美状态之中。我们不能认为最高灵魂不存在，而要依靠我们有限的力量将他逐渐建立起来。倘若我们与神之间的关系，完全是我们的制造之物，那我们该如何将其作为真实之物而予以依赖？它又该如何给予我们力量？

对，我们必须知道，在我们心中，都有这么一个地方：在那里，不再受时空支配；在那里，进化发展的各个环节都融为一体。在阿塔玛即灵魂的这个永恒居所之中，帕拉玛特玛即最高灵魂的显现是完整的。因此，《奥义书》曰："知梵之人，乃真实之人，乃具有全部意识之人，乃隐藏于灵魂深处即最高天空（意识的内在天空）之中的无限。他在与全知全觉之梵的融合之中享有所期望的一切。"

人与梵之结合已完成，帕拉玛特玛，即最高灵魂，已亲自将我们的灵魂选作其新娘，婚礼已举行完毕，庄严誓词已宣读："让我们心心相印！"在这个婚礼上，没有"进化发展"去执行司仪这个角色的空间。"爱莎"，就是"这个"，没有其他含义。"这个"，乃不可言状的直接呈现，一直存在于我们内在生命的深处。"'爱莎'，或者'这个'，是另一'这个'的最高目标、财富、居所与欢乐。"最高之爱的婚礼在永恒的时间里已完成，现在继续进行的是无止境的莱拉，即爱之游戏。已经获得永恒之人，在时间与空间之中，在欢乐与悲伤之中，在此岸与彼岸世界之中，正被他人追求着。灵魂新娘充分领悟这一点时，内心幸福而宁静。她知道：就像河流一样，生命的一端已抵达完美之海洋，另一端一直走在通往海洋的路途之中;一端是永恒的静止和完美,另一端是不断的运动与变化。当明白这两端密不可分时,她就会明白世界之主就是她自己的君主,进而明白这个世界就是她自己的家。随后,她的全部奉献都成为爱之奉献,生命之中的一切苦恼和磨难都是对爱之力量的考验,而她成功地经受了这些考验,从而微笑着赢得了爱人的保证。但是,倘若她固执地停留于黑暗之中,不揭开自己的面纱,不认识自己的爱人,只知道这个与其爱人分离的世界,那她在这里就只能做侍女,而她本来是有权作为女王统治这里的。倘若如此,她只好在疑虑之中彷徨着,在悲伤与沮丧之中哭泣着。"她从饥饿走向饥饿,从烦恼走向烦恼,从恐惧走向恐惧。"

我永远不会忘记所听过歌曲的一个片断。那是参加节日晚宴的人们,于次日黎明在喧嚣中吟唱的:"艄公,渡我到彼岸吧!"

在我们一切工作的忙乱喧哗中,都会传出一声呼唤:"渡我过去吧!"印度马车夫赶着马车时会唱道:"渡我过去吧!"流动商贩出售商品给顾客后会唱道:"渡我过去吧!"

那呼唤声究竟有何含义?我们觉得,我们没有实现目标;我们知道,我们全身心地努力奋斗,也无法抵达终点,也无法实现目标。就像不满意玩具娃娃的孩子,我们内心在呼喊:"不是这个,不是这个。"但是,另一个是什么?更远的彼岸又在哪里?

它是我们拥有之物以外的东西吗?它是我们所在之地以外的地方吗?它是要我们停止一切工作而休息吗?它是要我们摆脱人生的一切责任而得到解脱吗?

不!我们是在各种活动的真正内心之中,寻找着归宿。我们呼唤的,是渡向彼岸,即使就站在彼岸也会这么呼唤。因此,在我们双唇发出带走我们的祈求时,我们繁忙的双手也从未闲着。

事实上,欢乐的海洋啊,你的此岸和彼岸就是整体,就是同一;我把这个此岸称为自己的,那个彼岸就会疏离;一旦失去内心这个完整意识,心就会不停呼唤着那个。我的全部“这个”以及“那个”,都期待着在您的爱中完全融合。

我的这个“我”,为了这个认为属于自己的家,日夜操劳。啊!它只要不能把这个家也视为你家,苦难就没有尽头,就会挣扎下去,内心就会一直呼唤:“艄公,渡我过去吧!”当我家也成为你家时,即使有古老的墙壁包围着,也可以在刹那就渡过去。这个“我”永不停歇地工作,目的就是为了获得。但是,这获得,是它的精神永远无法消化吸收的,是它的精神永远无法抓住并保留的。它用双臂竭力紧紧抱住本该属于万物的东西,会伤人伤己。这时,它就会呼唤:“渡我过去吧!”一旦它能够说出“我的一切工作都属于你”,一切就会保持原样,只是这个“我”已被渡过去。

除在这个成为你家的我家外,我还能在哪里遇到你?除在这个转变为你工作的我工作外,我还能在哪里加入你?倘若离开我家,我无法到你家;倘若停止工作,我无法在你工作中加入你,盖你完全寓于我身而我也完全寓于你身,你中无我或者我中无你,就是空无。

总之,在我们的家中以及工作中,会响起这样的祈祷:“渡我过去吧!”就在这里,大海汹涌澎湃;甚至就在这里,存在有待抵达的彼岸。对,这里,就是永恒的当下,不在远方不在他处。

泰戈尔生平年表

钟书峰　编

1861 年　5 月 7 日，罗宾德拉纳特·泰戈尔诞生于加尔各答市乔拉桑戈祖居，出身于印度种姓第一等级婆罗门的低等“比拉利”阶层，系父母第十四个孩子，父系印度著名宗教改革家戴文德拉纳特森·泰戈尔，母系萨拉答·德薇。这个家庭，学者、诗人、作家、艺术家人才济济，例如：大哥系诗人、哲学家，二哥系梵文学者并擅长孟加拉文、英文创作，五哥在诗歌、戏剧、音乐、绘画均有建树，二姐系孟加拉近代文学史上第一个女作家。

1866 年　跟家庭教师学习，跟兄姐学习。

1868 年　东方学校学生，后转入加尔各答师范学校。

1869 年　第一次尝试写韵律诗，对法国作家贝尔纳丹·德·圣皮埃尔著作《保罗和维吉尼亚》孟加拉译本产生浓厚兴趣。

1870年 开始学习绘画与音乐、接受摔跤和体操训练。

1871年 孟加拉学校学生,开始逃学。

1873年 父亲主持其圣线授予仪式(成人式);随父游历印度诸多地方,第一次到访圣蒂尼克坦(其父早年买下并将其命名为"和平之乡"),访问锡克教圣地阿姆利则,攀登喜马拉雅山;撰写第一部戏剧。

1874年 用韵律诗翻译莎士比亚戏剧《麦克白》,部分章节发表于大哥创办的《婆罗蒂》杂志;长诗《憧憬》匿名发表于该杂志;进圣泽维尔学校。

1876年 2月,在加尔各答一年一度"印度节"大会上,朗读爱国诗《献给印度教庙会》,后发表于《甘露市场报》;3月8日,母亲去世;在《迦南库尔》文学杂志发表叙事长诗《野花》;不久辍学,由家庭教师授课。

1877年 在"印度节"年会上,朗诵一首讽刺诗,将德里王宫奢华与全国可怕饥荒作对比描写;为《婆罗蒂》杂志写稿,发表短篇小说《女丐》、未完成的小说《怜悯》和长诗《诗人的故事》、古歌《太阳组歌》、无韵历史诗剧《鲁德拉昌德》等。

1878年 到孟买一医生家跟随其女儿安娜学习英语,与安娜结下深情厚谊;9月,随二哥到英国留学,初学法律,后攻文学;开始撰写长诗《沉舟》和歌剧《破碎的心》;与家人通信,用孟加拉文记录所见所闻,以《旅欧通信》在《婆罗蒂》杂志连载。

1880年 2月,恋恋不舍离开曾寄居的伦敦斯科特博士家及其第三个女儿,返回印度;出版叙事诗《野花》;开始专门从事文学创作。

1881年 发表音乐剧《蚁蛭的天才》;在《婆罗蒂》连载长

篇历史小说《王后市场》；发表诗剧《破碎的心》；撰写发表《死亡的贸易》，谴责英国向中国倾销鸦片、毒害中国人民。

1882 年 出版组诗《暮歌集》，标志泰戈尔早期创作的结束，并获得当时孟加拉最著名的小说家班金姆·昌德拉·查特吉赏识；撰写《觉醒的喷泉》；音乐剧《死神的狩猎》上演。

1883 年 筹组第一个孟加拉文学团体，后夭折；出版《晨歌集》，象征着泰戈尔创作向成熟期过渡的开始；出版杂文集《杂论》；创作诗歌剧《苦行僧》和诗集《画与歌》；9 月 11 日，与穆里纳莉妮·黛维结婚。

1884 年 出版歌剧《大自然的报复》（又名《修道士》）；担任"梵社"秘书，在印度宗教改革运动问题上与查特吉展开争论；曾抚育、教育并陪伴泰戈尔的五嫂迦登帕莉·黛维自杀，对其打击很大；出版诗集《画与歌》《帕努辛赫诗抄》《儿童之歌集》；发表散文集《纳莉妮》。

1885 年 主编孟加拉文杂志《巴拉卡》；创作长篇历史小说《贤哲王》，在《少年儿童》杂志连载；撰写短篇历史小说《王冠》。

1886 年 2 月 22 日，长女玛图莉莱达出生；出版诗集《刚与柔》。

1887 年 撰写音乐剧《虚幻的游戏》。

1888 年 长子罗廷德拉纳特出生；出版散文与文艺批评文集《杂谈》。

1889 年 创作《国王和王后》。

1890 年 前往意大利、英国和法国旅行；次女莱努卡出生；出版诗集《心灵集》；把《贤哲王》改编为诗剧《牺牲》；听从父亲意见，接替大哥照管祖传庄园，接触农村生活，逐渐关心农民并同情其遭遇，后来制定了以"自立"与"启蒙"为原则的帮助农民和建设农村的“农村开发计划”，在自家领地帕德玛河畔的西来达、奥里萨、拉萨希县的卡利格兰实施该计划，后来又到圣蒂尼克坦建立“农村开发试验中心”进行实验；创作短篇小说《河边的台阶》《邮政局长》《吉莉芭拉》。

1891 年 与侄子苏伦创办文学月刊《修行》；发表《旅欧日记》。

1892 年 小女儿米拉出生；发表短篇小说《弃绝》《喀布尔人》和诗剧《齐德拉》；创作散文体喜剧《第一个错误》。

1893 年 发表短篇小说《摩诃摩耶》和《素芭》等。

1894 年 小儿子绍明德拉纳特出生；担任孟加拉文学协会副主席；出版短篇小说集《小说汇编》与诗集《金帆船》；发表诗剧《离别时的诅咒》；担任《修行》杂志编辑；撰写《太阳与乌云》《法官》。

1895 年 创作短篇小说《饥饿的石头》；《修行》停刊。

1896 年 出版《江河集》《缤纷集》《收获集》；创作诗剧《玛丽妮》、诗歌《河流》与《生命的冥想》。

1897 年 创作戏剧《拜贡特的巨著》、戏剧诗《萨迪》、散文《五元素日记》，出版散文《碎片》。

1898 年 2 月 18 日，英国政府为镇压印度民族运动，通过“反煽动法”，并逮捕民族主义运动领袖提拉克，泰戈尔在加尔各答群众集会上发表题为《窒息》的演说，谴责英国殖民当局；计划在圣蒂尼克坦建立和平之乡学校；任杂志《婆罗蒂》编辑，并在该杂志发表大量诗歌、短篇小说和散文。

1899 年 发表短诗集《尘埃集》；举家迁往圣蒂尼克坦，把大量精力投入教育。

1900 年 出版诗集《故事诗集》《刹那集》《幻想集》。

1901 年 任《孟加拉观察》杂志编辑,在该杂志上连载长篇小说《眼中的沙粒》;出版诗集《祭品集》、中篇小说《破裂的家庭》;12 月 22 日,在父亲支持下,在圣蒂尼克坦办学,撰写四册孟加拉文教材《初等读本》。

1902 年 11 月 23 日,妻子病逝,撰写哀悼诗《怀念集》;创作长篇小说《沉船》。

1903 年 二女儿莱努卡病故;出版诗集《儿童集》、小说《眼中的沙粒》;创作《新月集》。

1904 年 撰写文章支持印度抵制英国货运动。

1905 年 1 月 19 日,父亲在加尔各答逝世;创办政治性月刊《宝库》;印度总督寇松颁布孟加拉分治法律,激起全印度尤其是孟加拉人民的普遍愤慨,泰戈尔之前已预见这种分治阴谋并曾发出警告,分治法律发布后又积极参加反对英国殖民当局分裂印度的运动,发表演说,谱写歌曲,站在抗议前列;发起建立印度国家教育委员会,并在该会上连续发表《世界文学》《美感》《美与文学》《文学创造》等演讲,后编为《文学论》于 1907 年出版。

1906 年 送长子罗廷德拉纳特赴美国学农业科学;发表诗集《渡口集》;担任孟加拉文学协会主席;作词作曲《金色的孟加拉》,1972 年孟加拉独立时成为其国歌;出版《沉船》。

1907 年 由于印度教徒与穆斯林教徒的分歧越来越大、抵制英国货运动越来越激烈、与领导民族自治运动的国大党领袖发生意见分歧,回圣蒂尼克坦从事文学创作和教育活动;发表论文《疾病及其治愈》,阐明自己对争取印度独立的观点;出版文学论集《文学论》;在《布拉巴希》杂志连载形式小说《戈拉》;小儿子去世。

1908 年　担任孟加拉邦政治协商会议主席；发表诗集《故事和叙事集》《致敬集》和论文集《皇帝和臣民》《集体》《社会》《教育》《自治》；出版诗剧《秋节》和散文剧《皇冠》。

1909 年　发表剧本《忏悔》；长子罗迪德拉纳特离美回国。

1910 年　出版孟加拉语诗集《吉檀迦利》、长篇小说《戈拉》；发表散文剧本《暗室之王》；在乔拉桑戈结识访问印度的英国画家、伦敦皇家美术学院院长威廉·罗森斯坦。

1911 年　在《侨民》连载《回忆录》；撰写剧本《邮局》《顽固堡垒》；创作《人民的意志》词曲，后被定为印度国歌；开始将《吉檀迦利》译为英文。

1912 年　继续英译《吉檀迦利》；5 月 27 日赴英，拜访威廉·罗森斯坦并呈交《吉檀迦利》英文诗稿，罗森斯坦请文艺批评家安德鲁·布拉德里和爱尔兰诗人威廉·巴特勒·叶芝阅读并给予了高度称赞，后邀请他们以及美国诗人、文学评论家兼记者埃兹拉·庞德等于 6 月 30 日在其家中举办泰戈尔诗歌朗诵会，由叶芝撰写推荐词的伦敦印度人协会限量版英文诗集《吉檀迦利》出版，罗森斯坦督促麦克米伦出版公司尽快出版英文诗集《吉檀迦利》；会见萧伯纳、高尔斯华绥等；10 月 28 日从英国赴美国，在全美作关于人生哲学系列演讲，后收入《修行：生命的证悟》；发表书信集《碎叶集》。

1913 年　3 月，伦敦麦克米兰出版公司出版英文诗集《吉檀迦利》，后出版英文诗集《园丁集》《新月集》；4 月，由美国返回伦敦，作连续演讲；9 月，返回印度；11 月 13 日，因英文诗集《吉檀迦利》而获诺贝尔文学奖消息传至圣蒂尼克坦；加尔各答大学授予文学博士学位。

1914 年　发表短篇小说《一个女人的信》；《绿叶集》开始

在《文学月刊》连载;出版诗集《歌之花环》《歌束》;第一次世界大战爆发,泰戈尔极其厌恶这场战争,在和平之乡学校对学生讲话中指出:地球上任何地方的人犯了罪过,其他地方的人也会受到牵连。

1915 年 在圣蒂尼克坦,首次与甘地相会;7 月 3 日英国国王授予爵士称号。

1916 年 前往日本、美国访问,在香港停留并预见中国的巨大力量,在日本发表题为《国家主义》等谈话严厉谴责日本侵略中国,在美国发表题为《人格》的讲演;出版长篇小说《家庭与世界》《四个人》、短篇小集《小说七篇》、哲学论著《修行:生命的证悟》、剧本《春之循环》;发表诗信《鸿雁集》、英文诗集《采果集》《飞鸟集》。

1917 年 3 月,从美、日返回印度;在加尔各答印度国大党会议上朗读诗篇《为印度祈祷》。

1918 年 大女儿去世;筹建国际大学;出版诗集《逃遁集》。

1919 年 5 月 29 日,愤怒抗议英国殖民当局制造的阿姆利则惨案,宣布放弃英国政府授予的爵士称号;6 月 26 日,签署罗曼·罗兰发起的"反战宣言";再次会见甘地;发表游记《日本记游》。

1920 年 赴英国、法国,荷兰和美国;出版短篇小说集《第二个》。

1921 年 3 月从美国返回伦敦,后赴法国、瑞士、德国、瑞典、澳大利亚、捷克斯洛伐克等国访问,在巴黎会见法国作家罗曼·罗兰,在德国会见作家托马斯·曼,7 月返回印度;9 月,甘地拜访泰戈尔;12 月 23 日,国际大学正式成立,把圣蒂尼克坦的全部财产献给国际大学;出版英译本《沉船》《游思集》。

1922 年 2 月，在国际大学主持纪念莫里哀诞生三百周年活动；7 月，担任加尔各答纪念雪莱诞辰一百周年大会主席；到印度各地旅行；发表散文诗集《随想集》；出版儿童诗集《儿童的湿婆集》、象征剧《摩克多塔拉》；12 月，长兄去世。

1923 年 将已发表的孟加拉语著作版权献给国际大学；出版英文本《戈拉》、音乐剧《春天》；创作戏剧《红夹竹桃》。

1924 年 4 月 12 日—5 月 30 日，访问中国，在上海、杭州、南京、济南、北京、太原、武汉等地发表演讲，在生日祝寿会上获赠中文名"竺震旦"；6—7 月，访问日本；9 月，访问秘鲁。

1925 年 1 月 4 日，离开布宜诺斯艾利斯，赴意大利热那亚、米兰和威尼斯；5 月，在圣蒂尼克坦会见甘地；年底，当选印度哲学大会主席；出版诗集《阴暗的旋律》。

1926 年 出席全国音乐会议；5 月，出访意大利、英国、挪威、瑞典、丹麦、德国、捷克、奥地利、匈牙利、南斯拉夫、保加利亚、希腊和埃及，在德国初遇爱因斯坦，12 月，返回印度；发表《红夹竹桃》《舞女的祭拜》《单身汉俱乐部》《势均力敌》等剧本。

1927 年 主持印地语文学会议；创作长篇小说《纠缠》；7 月，赴新加坡、马来西亚、印度尼西亚和泰国访问；发表诗集《随感录》。

1928 年 访问锡兰（斯里兰卡）；发表散文剧《最后的防卫》；创作长篇小说《交流》《最终的诗篇》；开始作画。

1929 年 3—7 月，出访加拿大、美国、日本和南西贡，因受美国边境官员刁难而取消美国之行以抗议当局侮辱东方人和有色人种，3 月、6 月两次到中国上海并下榻徐志摩、陆小曼夫妇家；发表诗集书信集《旅行者》；出版《最终的诗篇》、诗集《摩福阿》。

1930 年　3 月，出访法国、英国、德国、瑞士、苏联、美国，并在一些国家举办个人画展，在柏林四次会见爱因斯坦，在英国牛津大学发表题为《人的宗教》的讲演，9 月 11 日至 25 日访问苏联，在《侨民》杂志上开始发表《俄罗斯书简》；创作散文诗《御子》。

1931 年　在伦敦与萧伯纳会见；印度隆重庆祝诗人 70 岁大寿；发表剧本《新颖》《摆脱诅咒》；出版《俄罗斯书简》和诗集《聚宝集》《森林之声》《通俗读物集》与《泰戈尔全集》；撰写音乐剧《新气息》。

1932 年　撰写诗歌《问》，抗议英国殖民当局逮捕甘地；访问伊朗和伊拉克；唯一孙子尼丁德拉纳特去世；出版诗集《终了》《再者》《千姿百态》，戏剧《时间的流逝》《邦肖利》，英文诗集《金色的书》。

1933 年　在加尔各答主持印度伟大启蒙主义者拉姆·莫罕百年诞辰纪念会；出版中篇小说《两姐妹》、诗集《五彩集》以及剧本《纸牌王国》《贱民之女》《竹笛》。

1934 年　强烈抗议反甘地的煽动活动；率领国际大学业余舞剧团到锡兰和南印度巡回演出；撰写长篇小说《四个故事》。

1935 年　出版英文论文集《东方和西方》《泰戈尔歌曲二十六首》以及诗集《最后的演奏》《路程》。

1936 年　在加尔各答作《理想教育》《音乐在教育中的地位》《教育本地化》等关于教育的演讲；出版英文论文集《使教育符合国情》《韵律》《文学的道路》、散文诗集《叶盘集》《黑牛集》、游记《日本与波斯之行》。

1937 年　在圣蒂尼克坦主持国际大学中国学院成立典礼，

作《中国和印度》的演讲，并聘请谭云山任首任院长；撰写近代科学入门著作《宇宙之门》；为剧本《雨季节》作曲；9 月 10 日突然不省人事，昏迷达 48 小时，后根据这一生死体验创作诗篇《边沿集》；出版短篇小说集《他》、诗集《韵画》。

1938 年 写信给日本诗人野口米次郎，谴责日本帝国主义侵略中国的罪恶行径；撰写《孟加拉文入门》；出版诗集《边沿集》《晚祭集》。

1939 年 出版诗集《戏谑集》《天灯集》；邀请徐悲鸿赴国际大学讲学，徐悲鸿数度为泰戈尔作肖像画。

1940 年 2 月，在圣蒂尼克坦会见甘地，向甘地推介徐悲鸿，提议为徐悲鸿举办画展并得到甘地支持；8 月，牛津大学授予文学博士学位；9 月，病情加重，至加尔各答就医；出版英文自传《我的童年》、短篇小说集《三个同伴》以及诗集《新生集》《唢呐集》《病榻集》；徐悲鸿于 11 月回国前，应泰戈尔嘱托，从 2000 余幅泰戈尔画作中精选 70 幅交付国际大学出版。

1941 年 出版诗集《康复集》《生辰集》，深情回忆访问中国并在中国过生日的诗歌收入《生辰集》；4 月 14 日，发表题为《文明的危机》最后一次公开演说；口述不少故事、寓言和童谣，以《故事与诗》之名结集出版；口述诗歌，以《最后的歌》出版；7 月30 日，在加尔各答动手术，病情恶化；8 月 7 日中午 12 时 13 分，在加尔各答逝世。

再版译后记

泰戈尔在《修行：生命的证悟》中说："我们会越来越清晰认识世界的整体性以及我们与世界的统一性。"

例如，诗歌与哲学，乃近邻。多才多艺的泰戈尔，是诗圣，也是诗哲；其诗是其哲学，其哲学也是其诗。他系统论述人生观、世界观、宗教观的最主要著作《修行：生命的证悟》，既是其哲学，又是其散文诗。阅读本书，既会有阅读其诗之感，又会对其诗产生更深体会。

又如，法律与文学，也有着千丝万缕联系。意大利哲学家、法学家维柯在《新科学》中指出："古代法学全都是诗性的"，"古罗马法是一篇严肃认真的诗"。《格林童话》作者之一雅可布·格林，在《论法之诗》中说："法与诗，诞生于同一温床""诗蕴涵法的因素，法也蕴涵诗的因素"。

法律与文学，虽然表现路径不同，但均体

现对自由、公平、正义的追求，对真、善、美的期待，故有“诗性正义”之说；法律与哲学，也如此，故有“法哲学”之谓。

曾学法律或者从事法律工作而文学成就卓卓者为数不少，如莎士比亚、莫里哀、卢梭、歌德、巴尔扎克、狄更斯、福楼拜、托尔斯泰、徐志摩等，泰戈尔是最耀眼者之一。泰戈尔留学英国时，初学法律，后攻文学。尽管他不喜法律而学文学，但是，《修行：生命的证悟》不时可见其法律足印，比如：

他以诗哲般的智慧，鲜明地指出：“自由，不在黑暗之中，也不在蒙昧之中。”

他用诗一般的语言，阐述自由与束缚：“这犹如绑在琴上的弦，当琴弦真正被拉紧而且束缚的力量没有一丝一毫松懈时，才能产生曲调；在优美旋律之中得以超越自身的弦，才能在每一个音符之中都找到真正的自由。”“当琴弦没有真正拉紧时，实际上就只是束缚，而且即使放松一下这种束缚，也无法找到通向自由之路。要完全获得自由，唯有把琴弦束缚得紧一些再紧一些，直至能够发出正确音调为止。”“人类职责的高低弦，只要我们无法按照真理法则将其不折不扣地调好音，就只能是束缚；倘若把它们放松而陷于不活动的毫无意义的状态，就无法称之为自由。”

他用哲理般的语言，否定束缚之否定：“哪里没有束缚，哪里就会有疯狂放纵。此时，灵魂就不再自由，就会受伤，就会从无限之中分离出来，就会尝到罪恶导致的极度痛苦。”

他从哲学高度，评价法律与文明的关系：“判断与评价文明程度，依据的不是人类已经获取的力量，而是人类通过法律和制度已经发展和体现的人性之爱。”

半路出家学习法律之人翻译的曾学法律的大文豪著作，由法律出版社出版,乃有趣巧合。何况第一部拙译《不动产》,就是在法律社出版的。感谢法律出版社!感谢当时的责任编辑如今的《中国法律评论》执行主编袁方老师!感谢担任多部拙译责任编辑的韩满春老师,感谢他默默付出的辛勤劳动!

七八年前吧,斗胆在网上发布"钟书峰译泰戈尔《飞鸟集》兼评郑振铎、吴岩、徐翰林、白开元之译"。光明日报出版社梁永春老师大概是见此文,才找我翻译《修行:生命的证悟》。梁老师倾注了大量心血,让初版拙译从内容到版式都充盈着泰戈尔风格,读者与我都很喜欢;他和光明日报出版社还欣然同意,将拙译交由法律出版社再版。借此机会,诚挚感谢并期待得到更多指导、与光明日报出版社有更深入合作!

拙译再版,是汗颜与欣喜、痛苦与快乐的交替体验过程:竟然发现拙译还存在那么多问题,竟然还要查阅那么多文献资料,竟然还要花那么多时间与精力修改,这是汗颜与痛苦的原因;竟然可以改正那么多不足,竟然可以得到那么多的支持与帮助,竟然可以获得那么多感悟,这是欣喜与快乐的原因。

泰戈尔曰:"唯有为爱做事才自由,无论这会导致多少痛苦。"诚哉斯言!

钟书峰

戊戌年夏至草于鹏城

图书在版编目(CIP)数据

修行：生命的证悟 / (印) 泰戈尔著；钟书峰译
. ——北京：法律出版社，2019
ISBN 978-7-5197-3087-1

Ⅰ. ①修… Ⅱ. ①泰… ②钟… Ⅲ. ①泰戈尔(Tagore, Rabindranath 1861-1941) — 演讲 — 文集 Ⅳ. ①K833.515.6-53

中国版本图书馆CIP数据核字(2019)第023525号

修行：生命的证悟
XIUXING：SHENGMING DE ZHENGWU
〔印〕罗宾德拉纳特·泰戈尔 著
钟书峰 译

责任编辑 韩满春
装帧设计 赵晓菲

开本 A5
版本 2019年3月第1版
出版 法律出版社
总发行 中国法律图书有限公司
印刷 永清县金鑫印刷有限公司

印张 3.75 **字数** 78千
印次 2019年3月第1次印刷
编辑统筹 学术·对外出版分社
经销 新华书店
责任印制 陶 松

法律出版社/北京市丰台区莲花池西里7号(100073)
网址/www.lawpress.com.cn
投稿邮箱/info@lawpress.com.cn
举报维权邮箱/jbwq@lawpress.com.cn
销售热线/010-83938336
咨询电话/010-63939796

中国法律图书有限公司/北京市丰台区莲花池西里7号(100073)
全国各地中法图分、子公司销售电话：
统一销售客服/400-660-6393
第一法律书店/010-83938334/8335 西安分公司/029-85330678 重庆分公司/023-67453036
上海分公司/021-62071639/1636 深圳分公司/0755-83072995

书号： ISBN 978-7-5197-3087-1 **定价：** 35.00元
(如有缺页或倒装，中国法律图书有限公司负责退换)